ŒUVRES
DE
Léon Valade

POÉSIES POSTHUMES

PARIS

ALPHONSE LEMERRE, ÉDITEUR

23-31, PASSAGE CHOISEUL, 23-31

M DCCC XC

OEUVRES

DE

Léon Valade

IL A ÉTÉ TIRÉ DE CE LIVRE :

20 exemplaires sur papier de Chine.
20 — sur papier de Hollande.
5 — sur papier Whatman.

Tous ces exemplaires sont numérotés et paraphés par l'éditeur.

OEUVRES
DE
Léon Valade

POÉSIES POSTHUMES

PARIS

ALPHONSE LEMERRE, ÉDITEUR

23-31, PASSAGE CHOISEUL, 23-31

M DCCC XC

POÈMES VÉNITIENS

LA GLOIRE DE VENISE

Au pays dont la rive antique,
Telle qu'un mirage flottant,
Reflète dans l'Adriatique
Sa splendeur, réelle pourtant ;

Où la nature caressante
A relégué, dans les vapeurs
De l'horizon, la terre absente,
Pour en cacher les durs labeurs ;

Au pays de marbre, qui plonge
Ses escaliers dans les flots bleus
Où les palais, couleur de songe,
Ont l'air d'un conte fabuleux ;

Au pays où naît la nuance,
Plus fine qu'en aucun tableau,
Du baiser tremblant qui fiance
La joyeuse lumière à l'eau ;

Où l'écho, n'effleurant l'oreille
Que de sons mouillés vaguement,
Fait la douceur du bruit pareille
A celle d'un chuchotement ;

Où, balançant la sieste molle
Avec un rythme de berceau,
File, vire et fuit la gondole
A fleur de mer, comme un oiseau ;

Au riant pays des lagunes,
C'est là que les soleils meilleurs
Et les brises plus opportunes
Font le destin plus doux qu'ailleurs ;

C'est là que le reste du monde
S'oublirait le plus volontiers,
Et que mon âme vagabonde
Chaque hiver élit ses quartiers ;

D'aussi loin que les hirondelles
Revolent aux toits coutumiers,
C'est là que mes rêves fidèles
S'abattent parmi les ramiers :

Sans rien qui blesse ni qui pèse,
Sans rien d'amer ni de brutal,
Là le rêve fleurit à l'aise
Comme dans son milieu natal.

MIO PALAZZO

Exprès petit en son caprice original,
A Venise, dans l'eau noire du grand canal
Mon palais réfléchit son étroite façade.
Un peu sombre, sans rien de dur ni de maussade,
Ni lavé, ni raclé, ni recrépi d'hier,
Il porte sans ennui son délabrement fier,
Ainsi qu'il sied aux gens de noblesse historique.
Pas une pierre : tout mon palais est en brique
A coins de marbre, avec le double encadrement
D'une torsade souple et longue frêlement.

Deux étages, pas plus. En haut, dans l'intervalle
Des fenêtres ouvrant leur merveille ogivale,
Le blason des premiers maîtres, intact encor,
Met la variété charmante d'un décor
Blanc et sculpté parmi la brique au champ rougeâtre.
Plus bas, de marbre aussi, mais comme au feu d'un âtre,
Ayant pris au soleil des teintes d'or noirci,
Un balcon s'avance, où quelque maître eut souci
D'évider longuement en fines broderies
L'orbite délicat des rosaces fleuries.
Au-dessous du balcon, des salles basses : trois
Jours de lucarne, clos de grillages étroits ;
Puis, verdâtre, rongé de mousses indécises,
Le bossage carré des solides assises.
— Tout à gauche, la porte unique, dont le seuil
Fait saillie au-dessus de l'eau.

       Certes, l'orgueil
Des grands palais voisins étale plus de marbres.
D'aucuns ont la terrasse à treille avec des arbres
Et des fleurs embaumant les claires nuits d'été.
D'autres ont plus de faste, ou plus d'antiquité ;
D'autres, le style grec, les triples colonnades.
Aucun n'invite mieux les molles sérénades
Qu'un caprice d'amant fait cheminer par eau,
Que ce frêle joyau sculpté, la Ca D'Oro...
— Et, pour qui ne met pas de limite à son rêve,
Féerique, dominant la lagune et la grève
Du Lido mince où les doges tournaient leurs yeux,

Pareil aux visions d'un songe merveilleux,
Le vieux Palais Ducal, rose et blanc à son faîte,
Offre au regard de l'homme une éternelle fête.
— Mais moi, tant de splendeur m'effarouche! Mes vœux,
Aisément contentés, s'arrêtent où je veux :
Et l'habitation que je me suis choisie,
Plus simple, peut combler la rare fantaisie
D'un poète jaloux d'être heureux sans témoins.

Je l'aime ainsi : plus grande, elle me plairait moins.
Dans ses proportions réduites, elle arrête
Juste la ligne où tient une extase discrète.
J'aime cette eau, muette, où de bruits affaiblis
Berçant l'étude en ses voluptueux oublis;
Ce balcon noble, tel que j'y vois, en idée,
S'incliner un front blanc de songeuse accoudée;
L'escalier sombre où dort plus d'un secret d'amants;
Et le seuil favorable aux doux embarquements,
Le soir, lorsque séduit à voir une par une
Les gondoles glisser noires au clair de lune,
Il plairait à l'amour de s'en aller rêvant
Sur l'eau tranquille...
     Vieux logis que si souvent
Je regarde, quel est ton possesseur vulgaire?
Je ne sais; et, vraiment, il ne m'importe guère!
Car tes moindres recoins, qu'il a vus des milliers
De fois, me sont pourtant plus qu'à lui familiers;
Car mon désir, trouvant porte close, sait être

L'amant heureux pour qui s'entr'ouvre la fenêtre,
Celui qu'attendent seul les doux accueils secrets :
Et le jour où, par un hasard, je me verrais
Légitime seigneur de la demeure aimée,
L'âme du lieu, de tout nouveau maître alarmée,
Accepterait pourtant, à défaut des aïeux
Morts dès longtemps, l'ami sympathique et pieux.

AUBADE VÉNITIENNE

Colombine, mon cher souci !
Ouvre les yeux, et dis-moi si
L'aurore fut jamais plus rose ?
Debout ! sois prête en un clin d'œil ;
Car c'en est fini du long deuil
Qu'au ciel faisait l'hiver morose.

Tiens mes nouvelles en crédit :
La pierre même reverdit

AUBADE VÉNITIENNE

Aux canaux qu'Avril vêt de mousses;
Et partout les balcons en fleurs
Égayent de vives couleurs
L'air embaumé de senteurs douces!

Ma barque, amarrée au poteau,
T'attend devant la porte d'eau,
Repeinte à neuf, tu peux m'en croire,
Et portant l'abri blanc et bleu
Du léger tendelet, au lieu
De la maussade felché noire...

Tout est prêt pour l'enlèvement.
Colombine, fais vivement,
Mon cœur! ma perle! mon idole!
Viens, faut-il tant te supplier?
L'Amour sera le gondolier,
Viens, mets le pied dans la gondole!

Ton tuteur, le vieux Pantalon,
N'eut jamais d'ailes au talon:
Évade-toi sans crainte aucune!
Viens, laissant ronfler cet aïeul,
Parfumer ta jupe au glaïeul
Qui fleurit la claire lagune.

Vois! j'apporte pour te lier
Ces bracelets et ce collier
De nacre qu'un reflet argente;

Et les verriers de Murano
Ont filé pour toi cet anneau,
Frêle au gré de ta foi changeante !

L'amoureux n'a ni soif ni faim ;
L'amante ? je ne sais... Afin
Qu'il ne te reste aucune excuse,
Connaissant ton goût délicat,
J'ai là des glaces au muscat
Et du vin blanc de Syracuse.

Scaramouche et Tartaglia,
Qu'un fol espoir à toi lia,
Te verront envoler à tire
D'ailes, — pauvres sots abusés ! —
Et la douceur de nos baisers
S'augmentera de leur martyre.

Donne ta valise au faquin. —
Sous tes beaux yeux, foi d'Arlequin,
Mon cœur se change en solfatare !
Mais je m'abstiendrai, si tu veux,
De toucher un de tes cheveux,
Et je pincerai la guitare...

Ou je te dirai mon sonnet
(Que nul encore ne connaît !),
Le vers final te divinise :
Tu souriras... Si le départ

Pour Cythère a lieu quelque part,
Colombine, c'est à Venise !

Les dômes, à l'horizon fin,
Monteront, — pour décroître enfin...
— Voyager, quelle douce chose ! —
Et bientôt penchant, le soleil
Empourprera ton front vermeil
En des rougeurs d'apothéose.

Puis nous verrons poindre, pensifs,
Cythère entre ses bleus massifs,
Cythère, l'île merveilleuse,
A l'heure où s'allumera, pour
Les longues extases d'amour,
La lune comme une veilleuse.

LA FELCHÉ

Sur les gondoles effilées
Se dresse — nid où s'est caché
Plus d'un secret d'amours troublées —
L'abri sombre de la felché.

Un toit long, de forme cambrée,
S'incline suivant des plans droits
Que revêt la morne livrée
Des hauts catafalques étroits.

Au milieu des cierges funèbres,
Pareil, avec les mêmes plis,
Le drap symbole de ténèbres
Couvre les yeux d'ombres emplis.

— Mainte étrangère s'effarouche
En voyant ce noir appareil,
De tout point semblable à la couche
Où l'on dort le dernier sommeil ;

Mais la blonde Vénitienne,
Quand au cœur un désir la mord,
Sait bien l'alliance ancienne
Que fit l'Amour avec la Mort.

Loin d'en concevoir trop d'alarme,
Elle sait, pour l'avoir goûté,
Ce qu'un tel penser met de charme
Terrible dans la volupté ;

Et, pour les muettes délices,
A son gré, nul retrait si beau
Que les obscurités complices
De ce dais, fait comme un tombeau !

LE RÊVE DU GONDOLIER

En été, quand le jour rayonne trop ardent,
Tandis que les baigneurs font la sieste, attendant
Pour aller au Lido l'heure de la marée,
Couché de tout son long dans sa barque amarrée
Sous un pont, sous la treille ombreuse d'un *traguet*,
Le gondolier s'endort, l'œil clos, l'oreille au guet...
Un bercement très doux, scandé de pauses brèves,
Hâte ce prompt sommeil où passent de beaux rêves,
Reflétés sur un front intelligent et fier...
— Pour lui, dans le passé lointain qui semble hier,

La vieille République évoque une des fêtes
Lumineuses dont ses annales étaient faites.
L'humble songeur, d'un bond, a rejoint ses aïeux ;
Et le rite aboli se déroule à ses yeux,
Qui fiançait le Doge avec l'Adriatique.
A son regard, empli de la lagune antique,
Rit toujours l'horizon familier... C'est encor,
Avec d'autres acteurs dans le même décor,
Venise rose et blanche allongée en son île :
Toujours l'inébranlable orgueil du Campanile
Élancé dans l'azur, et le Lion ailé
Prêt à prendre son vol pour l'éther constellé ;
Et ce Palais qu'au sol un enchantement rive,
Comme chez les conteurs arabes !... — Sur la rive
Décroissante, fourmille une foule en rumeur,
Tandis qu'au large, lui, même en songe rameur,
Tout de neuf habillé, droit sur la poupe, active
L'élan d'une gondole à forme primitive.
Des passagers, vêtus comme dans un tableau
De Guardi, sont à bord, laissant pendre sur l'eau
L'ampleur des lourds tapis et des manches flottantes ;
Mille bateaux pareils abritent sous leurs tentes
Des groupes variés de pose et de couleurs
Si vives qu'on dirait tout le printemps en fleurs !
La légère flottille afflue, en longue queue,
Et se presse parmi les frissons de l'eau bleue,
Autour du *Bucentaure* éclatant et vermeil :
Galère aux flancs dorés si fauves de soleil,

D'où tant de pavillons avec tant de fanfares
Jaillissent, que toi-même, ô grand Ciel, t'en effares,
Jusqu'à ne point frapper de ton foudre dormant,
Vieil époux de la Mer, ce triomphal amant
Dont l'adultère auguste et béni se consomme...
Pourtant, tout enfoncé que vous semble cet homme
En un songe où tout vil souci doit s'oublier,
Au pas le plus léger qui vient, le gondolier,
Trop amoureux du gain pour bouder la corvée,
Sans effort, sans regret de l'extase rêvée
Où le vaisseau ducal flamboyait tout en or,
Se redresse, et d'un ton câlin : « *Barca, signor ?* »

SORTIE DE SPECTACLE

I

Cris, bravos, délire!... La toile
Se relève sur la diva
Que Venise salue étoile,
Puis tombe encore. L'on s'en va.

Un bruit de toilettes froissées
Emplit le vestibule étroit.
Avec d'amoureuses pensées,
Les jeunes gens s'en viennent droit

Au bord du canal, où la lune
Fait, parmi l'humide escalier,
Luire le satin blanc de l'une
Et sur l'autre l'or d'un collier,

Tandis que, sous la *felce* sombre,
Les frileuses, à reculons,
Se blottissent, et que dans l'ombre
Glissent sans bruit les bateaux longs.

— A l'autre porte, la cohue
Populaire, dans le couloir
Noir et bas qui mène à la rue,
S'étouffe et jase sans rien voir.

La foule a passé presque toute.
Soudain, avec des roulements
Renforcés au creux de la voûte,
Éclate un grand bruit d'instruments.

Chef en tête, par rangs de quatre,
Défilent en marquant le pas
Les musiciens du théâtre :
Et les cuivres n'y manquent pas.

Derrière la troupe ambulante
Qui s'essouffle à lui faire honneur,
La cantatrice marche, lente
Et naïve dans son bonheur.

Le plus correct des sigisbées
Étayant sa lourde beauté...
Puis vient à grandes enjambées
Un tas de marmots en gaîté.

Au sortir de l'étroit passage,
Dans le quartier pauvre et dormant
Tout le long cortège s'engage
Et serpente bizarrement

Aux degrés des ponts, sur les dalles
Des quais où veillent des fanaux,
A travers les mille dédales
Des ruelles et des canaux.

II

Voici que Venise endormie
Tressaille en son rêve profond,
Et, des musiciens amie,
Prête l'oreille au bruit qu'ils font.

Des volets grincent; des lumières
Naissent vives sur le fond noir;
Les jeunes femmes, les premières,
Viennent pour entendre et pour voir.

Des rires frais, des voix maussades
Font, ainsi qu'un éveil de nids,
Chuchoter les hautes façades
Et les balcons déjà garnis.

Une barbe blanche apparue
Gronde une enfant et dit raca
Sur ces « tapages de la rue » :
Shylock peut-être, et Jessica !...

Et par la fenêtre d'un bouge,
Une fille, blanche à travers
Ses fluides cheveux d'or rouge,
Bâille et rit, les yeux grands ouverts.

— On bat des mains à la musique,
Exubérante en ses accords
Comme une allégresse physique
Qui dilate et baigne le corps.

La flûte lutte avec le cuivre
Dans un riche accompagnement :
Les violons ont l'air de suivre
Un vainqueur triomphalement ;

Et parfois, l'air touchant au bouffe
Sans perdre sa solennité,
La grosse caisse éclate et pouffe
D'une formidable gaité.

Sonore avec des notes aigres,
Ce concert tient de l'Orient;
Ainsi paraderaient des nègres
Et des Turcs obèses, riant

D'escorter un dey patriarche
Avec son pompeux attirail :
Quelque chose comme la marche
De l'Enlèvement au sérail.

III

Halte ! l'on arrive à la porte
Du logis de la signora.
On entre à la file. L'escorte
A soif et sait qu'elle boira.

Sur un escalier dont la rampe
S'enroule en caprices de fer,
Une servante avec sa lampe
Vient, béante à ce bruit d'enfer;

Car des plateaux de limonade,
Stimulant le zèle amorti,
Font éclater la sérénade
En un frénétique *tutti*.

Parmi les vivats, la montée
S'opère digne, lentement.
Puis la cantatrice, arrêtée
Au seuil de son appartement,

Belle comme une reine grasse,
Fait deux révérences au chœur;
Et son beau cavalier rend grâce
En mettant la main sur son cœur.

— Enfin voilà qu'on se disperse :
Pas, lumières, rires et bonds,
Tout s'éteint par degrés. L'eau berce
Les gondoles sous les vieux ponts;

Et Venise, patricienne
Que n'ont pu flétrir mille ennuis,
Médite la gloire ancienne
Qui fait le rêve de ses nuits.

LA CHANSON DES PILOTIS

Vingt manœuvres dont le corps plie,
Peinant sous l'ardeur de midi,
Tirent sur le câble roidi,
Qui grince autour de la poulie,

Pour qu'un moment tenue en l'air,
Dans la chute se multiplie
Le poids d'une masse de fer.

Il faut dans la vase profonde,
Pieux sur pieux, en enfoncer tant
Que sur leur niveau résistant,
Demain, quelque palais se fonde.

Aussi, sans relâche, voit-on,
A la sueur de tout ce monde,
Monter et choir le lourd mouton.

La tâche est rude, qui les groupe
Sans ombre au milieu du canal,
Mais ce labeur dur et banal
N'abat point la vaillante troupe;

Tous piétinent sur le bateau
En s'aidant d'un refrain, que coupe
Le choc répété du marteau.

L'oreille est aisément trompée;
Mais voici, sans y rien changer,
Pour un auditeur étranger
Ce que dit cette mélopée,

Alternant avec le bruit sourd
De la tête du pieu, frappée
Par la chute du marteau lourd :

« Ferme, compagnons ! Hisse, hisse !
D'un bras nerveux tirons à nous,
Bien arc-boutés sur nos genoux,
Le poids qui tend la corde lisse ;

« Et qu'éveillant de sourds échos,
Lorsque en nos mains le câble glisse,
Le marteau tombe à temps égaux.

« Notre œuvre imite, longue et lente,
Celle du polypier marin
Par qui végète, brin à brin,
Le corail en forêt brillante.

« Un seul de tes coups, dur frappeur,
Sur un seul des pieux que l'on plante
Avance un peu le grand labeur !

« La mer seule offrit des asiles
A nos pères contre Attila.
Si la lagune qui dort là
Vit éclore cent belles îles,

« C'est grâce à toi, marteau pesant,
Qui sur les pilotis dociles
Tombais dès lors comme à présent.

« Donc prenons-la comme une fête,
Nous plébéiens jeunes ou vieux,
La besogne que nos aïeux
En leurs siècles lointains ont faite.

« Frappe, marteau ! frappe sans fin !
L'assise précède le faîte,
Et, sans toi, tout le reste est vain.

« Car c'est l'effort de leurs mains dures
Qui, des eaux d'un marais dormant,
A fait le stable fondement
Des féeriques architectures,

« (Cherche un sol ferme sous cette eau,
Bon pieu qui, sans fléchir, endures
Les coups terribles du marteau !)

« Quand, droite sur ses pieds qu'arrose
L'écume du grand flot amer,
Venise du sein de la mer
Émergea triomphante et rose,

« Au bruit de la même chanson
Que scandaient de leur choc morose
Les lourds marteaux à l'unisson. »

LES RUES DE VENISE

Tes canaux et ta lagune,
Tes campaniles hardis,
O Venise ! on les a dits,
Et mille fois plutôt qu'une ;

Mais on n'a pas dit assez
Le charme frais de tes rues,
Qu'ont sans profit parcourues
Les touristes compassés.

— Conquis sur la mer rivale,
A force de pilotis,
Les logis drus, haut bâtis,
Se pressent sans intervalle;

Et, dans leurs mille réseaux,
La ligne qui lie entre elles
Les populeuses ruelles
Échappe à l'œil des oiseaux.

Mais il leur suffit, pour être
Claires et d'un attrait sûr,
Du mince ruban d'azur
Que les toits laissent paraître.

Pour y passer deux de front,
On serre un peu la muraille;
Mais si quelque sot vous raille,
Les sages vous environt,

Vénitiens que je loue,
D'ignorer, pareils aux dieux,
La poussière, effroi des yeux,
Et, souillure aux pieds, la boue!

— Même à midi, la fraîcheur
Respire dans ces dédales,
Et le poli de leurs dalles
Est doux au pas du marcheur.

Le poète à l'aventure
Suit les rêves les plus longs,
Sans ouïr à ses talons
Des roulements de voiture ;

Et sans terrestres effrois
Rôdant, le nez vers la nue,
Des chevaux (race inconnue)
Ignore les naseaux froids.

La Vie, indolente et gaie,
Circule et rit là-dedans,
Sans vacarmes discordants
Pour l'oreille fatiguée,

Des bruits doux et familiers
Étant les seuls qu'y ramène
L'écho de la voix humaine
Et des pas multipliés.

— Puis, sans parler des percées
(Autre gaîté de tableau)
D'où l'on voit filer sur l'eau
Les gondoles élancées,

Un attrait de ces maisons
Serrant leur double rangée,
C'est la distance abrégée
Aux naissantes liaisons !

Car le hasard qui ménage
A souhait les vis-à-vis,
Souvent donne aux yeux ravis
Quelque charmant voisinage.

Vieux mari, père inhumain,
Quelle impuissance est la vôtre,
Quand d'une fenêtre à l'autre
On peut se donner la main !

Quand l'amoureux est si proche,
Quand vous voyez son tourment
De si près, femmes ! comment
Conserver un cœur de roche ?

Des volets clos, en est-il,
Ou des paupières baissées,
Que l'effluve des pensées
Ne perce d'un feu subtil ?

Fût-on et prude et farouche,
Il faut parfois prendre l'air :
Et comment parer l'éclair
Des yeux plus vifs que la bouche ?

Pour l'essaim des amours prompts,
Quel stimulant efficace !
Et quelle ville, ô Boccace,
Propice aux décamerons !

— Dans cette molle Italie,
On trouve encore des gens
Pleins d'offices obligeants
Pour l'amoureuse folie;

Mais, outre qu'un tel courtier
Déplait un peu, quand on aime,
Ici la Rue elle-même
Fait, mieux que lui, son métier !

PAYSAGE MINÉRAL

Le point de vue est pris entre mille, au hasard.
Tandis qu'à la chaleur bâille, comme un lézard,
Le gondolier ravi de déposer la rame,
Mon rêve flotte, pris aux fils de cette trame
Lumineuse, parmi l'eau sombre du canal,
Où s'éparpille l'or du soleil matinal;
Et puis, levant mes yeux étonnés, que captive
Par degrés la bizarre et fraîche perspective,
Je suis l'humide rue en ses détours étroits
Qu'enjambe sans effort une arche. En voici trois

Que leur courbe inégale offre à l'œil, d'enfilade.
Sur ces ponts, que toujours quelque pas escalade,
Gravissent et soudain redescendent, croisant
Saluts, rires, propos en un bruit amusant,
Les gens, porteuses d'eau, mariniers, rats d'église,
Grands *facchini* chargés d'une mince valise,
Marchands, filles du peuple allant à leur travail
En châle, tête nue, aux doigts un éventail.
Ces passants vont sans hâte, ayant le temps de vivre.
Parfois l'un d'eux s'accoude au parapet, pour suivre
Le sillage embaumé de quelque lourd chaland :
Rustre dont le gros ventre et dont le marcher lent
Amusent le dédain des gondoles agiles,
Mais sûr d'un bon accueil, lorsqu'il revient des îles
Avec son chargement d'herbages et de fruits.
L'eau, clapotante, porte et mouille mille bruits :
Chansons de bateliers, appels de toute sorte,
Cris, injures parfois ! puis, du seuil d'une porte,
Le son mat d'un plongeon brusque : c'est un bambin
Tout nu, qui, sans souci d'un plus limpide bain,
S'ébat comme un triton dans les vases natales ;
Et, prompt à se garer des atteintes brutales,
Nageur preste, parfois grimpe à l'un des poteaux
Bariolés où l'on amarre les bateaux ;
Ou bien, de ses deux mains moqueuses, éclabousse
Les mufles des lions noirs et verdis de mousse
Qui décorent la pierre au bas des vieux palais.

Telle est la scène, étroite et longue, où je me plais
A bercer mon loisir, tandis que l'eau me berce :
Ou, si dans les coussins ma tête se renverse,
J'observe la hauteur sombre des vieux logis,
Le beau hâle des murs éraillés, et rougis
En dégradations exquises d'aquarelle,
Les ogives ouvrant leur dentelure frêle
Sur les balcons hardis sculptés d'un style fin,
Le métal ouvragé des ferrures, enfin
Les tuiles, d'un étage en planches dominées,
Et, parmi l'azur clair, les rouges cheminées
Dont le cône s'évase en forme de turban.
Une église, là-bas, laisse entrevoir un pan
De façade au fronton massif : le campanile
Penche visiblement de faiblesse sénile,
Et son ombre sur l'eau s'allonge obliquement.
Au delà le canal se coude : un bâtiment,
Flanqué de sa tourelle en encoignure, ferme
L'horizon de la rue.
     Ailleurs, en terre ferme,
Même dans les cités riches sous l'azur gai,
L'architecture humaine a vite fatigué
Nos yeux de ses tons crus et de ses lignes dures ;
Et les passants chagrins aspirent aux verdures
De la campagne fraiche et des grands bois ombreux.
Ici, plus douce à voir que nos pavés poudreux,
Partout s'étale l'eau fugitive, suivie
D'ombres et de rayons, animant d'une vie

imable les grands murs sans cesse reflétés.
i le soleil fond toutes les âpretés
t prête des rougeurs palpitantes aux marbres ;
t l'on goûte, oublieux de la vigne et des arbres
Qui végètent le long des sables du Lido,
es paysages faits de ciel, de pierre et d'eau.

Venise, 187...

MUSIQUE

C'est le déclin de la journée.
Le concert, piazza San-Marco,
Finit, laissant une traînée
Mélodieuse dans l'écho;

Et la commotion physique
Survit et plane, encore un temps,
Sur les pupitres à musique
Où manquent les exécutants.

Un vol de blancs ramiers effleure
Les dômes neigeux dans l'azur.
Solennelle, la voix de l'heure
Tinte sur un ton grave et pur.

Le couple noir qu'un ancien doge,
Voici bien longtemps, installa
Sur la vieille Tour de l'Horloge,
Est toujours en faction là :

Sous le marteau que fait encore
Choir tour à tour leur bras d'airain,
De grands cercles d'onde sonore
S'élargissent dans l'air serein.

Rythmant au loin sa voix plaintive,
Devant la piazzetta, la mer
Ouvre une large perspective
De pourpre, d'or et d'outremer.

La gamme des couleurs, pareille
Aux notes sublimes d'un chant,
Traduit en concert pour l'oreille
Ces gloires vives du couchant ;

Et toute la splendeur des nues,
Émiettée aux prismes de l'eau,
Tremble sur les vagues menues
Comme ferait un tremolo.

— Soustraite au poids du jour de flamme,
Venise sort de sa langueur,
Le sein gonflé comme une femme
Dont l'amour fait battre le cœur.

Un flot de douceur singulière
Émane du large unisson
Où tout, voix, parfums et lumière,
Palpite du même frisson.

Tout se dilate, s'émeut, vibre...
La caresse de l'air léger,
Insinuée en chaque fibre,
Séduit les nerfs de l'étranger,

Au point que son âme, éblouie,
Perd le sentiment du réel,
Dans ces surprises de l'ouïe,
Entre la lagune et le ciel.

Sous ses pas, qu'à peine rassure
Le vieux dallage ferme et plein,
Semble rebondir en mesure
La planche mince d'un tremplin ;

Le marbre s'est fait élastique :
Et, du même trouble saisi
Qu'à lire un conte fantastique,
Rêve d'Hoffmann ou de Gozzi,

Il sent la large place unie
Vibrer toute sous son talon
Comme la table d'harmonie
D'un gigantesque violon.

L'AUBERGE DE CANDIDE

La table d'hôte existe encore, où, certain soir,
  Voltaire, ton génie,
Sous les yeux de Candide étonné, fit asseoir
  Si noble compagnie.

Dans Venise immuable où le même décor
  Des lagunes émerge,
Le jeune voyageur retrouverait encor
  Cette royale auberge.

Même, comme le fit prévoir aux esprits mûrs
    Ton récit véritable,
Il a fallu depuis en reculer les murs,
    Et rallonger la table !

Car jamais on n'y vit — tant les lis sont fanés
    Et tant tu dégénères,
O siècle ! — s'attabler tant de rois détrônés
    Ou démissionnaires !

Tous les jours nouvel hôte *auguste!* — Encore hier,
    Voici le roi d'Espagne
Qui s'en vint y souper, plus allègre et plus fier
    Qu'un évadé du bagne ;

Ravi, déguisant mal sous des airs résignés
    Son âme enfin légère,
Comme un pauvre homme las qu'attendent, bien gagnés,
    Bon gîte et bonne chère.

— Aussi, loin d'entonner un sot *miserere*
    Sur ta chute, ferai-je
Éclater ton bonheur, monarque libéré,
    Moineau sauvé du piège !

Tu vas enfin couler, pauvre prince honni
    Dont le règne s'oublie,
Des jours filés de soie et de macaroni
    Dans la belle Italie.

Un flot presque dormant te bercera, martyr
    Du grand flot populaire,
Heureux de retrouver la gondole au sortir
    De l'atroce galère !

Dans le calme du soir, loin des cris oubliés
    De ton peuple rebelle,
Abordera ton rêve aux muets escaliers
    De Venise-la-Belle.

Le far-niente fera de ton cerveau royal
    Fuir les soucis moroses ;
Et tu verras, au lieu du sombre Escurial,
    Des palais blancs et roses.

Telle sera ta vie et ton délice tel,
    Tandis qu'en d'autres barques
Te viendront chaque jour rejoindre au vieil hôtel,
    Un par un, les monarques ;

Rois, papes, empereurs, tous déchus sans retour,
    Tous bilieux et jaunes
D'avoir au cœur, aigu comme un bec de vautour,
    Le regret de leurs trônes.

Mais toi, tu charmeras les loisirs réjouis
    Qui rendent l'heure brève,
En songeant à tes jours de règne, évanouis
    Ainsi qu'un mauvais rêve ;

Et, détrompé des Prims sujets à mal finir,
  Sourd à toutes suppliques,
Jeune Roi, tu feras des vœux pour l'avenir
  Des jeunes Républiques!

LETTRE D'UN VOYAGEUR

A CAMILLE PELLETAN

Camille, initié des longues nuits d'été,
Qu'attarde comme moi l'étrange volupté
De vaguer à travers la ville ensommeillée,
Que de fois, à Paris, prolongeant la veillée,
Marchant et causant, sourds aux voix de maint clocher,
Nous avons refusé de nous aller coucher
Et des honnêtes gens éveillé les scrupules
Par la perversité de nos goûts noctambules!...

Et qu'ici nous irions, d'un bon accord, tous deux,
Pour le plaisir d'aller, seuls, muets, hasardeux,
Dans les enchantements qu'évoque l'Ombre fée !
Toi qui vis avant moi la Venise rêvée
Dès l'enfance, sujet de nos longs entretiens,
Lis, et dis si mes yeux ont vu comme les tiens.

Tu sais, sur la Piazza, le charme des soirées ;
Là, parmi la fraîcheur des glaces savourées,
Dans la confusion des propos sans lien
Où résonne si doux le timbre italien,
Près des beaux cavaliers et des filles du monde
Patricien, mouvant leur chevelure blonde
Sur de blancs vêtements, comme Desdemona,
Dans ce décor de fête idéal où l'on a
Pour plafond l'azur glauque aimé de Véronèse,
Je demeure longtemps, observant à mon aise,
Soucieux de noter l'ensemble et le détail,
Ravi des doux regards et des jeux d'éventail,
Plein de bien-être, épris des teintes adoucies
Du grand ciel encadré dans les Procuraties,
Jusqu'à ce que, tournant ses pas vers l'escalier
D'où chacun, tour à tour, hèle son gondolier,
La foule, déjà moindre, à mon regard avide
Se dérobe.

   A la fin, la place est presque vide.
Un des derniers alors je me lève. Les yeux

Et l'esprit imprégnés de tons harmonieux,
Je m'enfonce au hasard dans quelque longue rue ;
Toute animation n'en est pas disparue
Encore : les gens vont et viennent indolents ;
Le seuil des portes a des murmures galants ;
Et les bourgeois, coiffés de nuit, sont aux croisées
Pour sourire aux propos des commères rusées.
Je regarde. Je marche, ignorant dans quel sens.
Parfois, au coudoiement plus nombreux des passants,
Je songe qu'un théâtre est là : c'est la sortie ;
Et, cherchant le canal où toujours est bâtie
La façade, je vais me poster sur le quai,
Content lorsque j'ai vu le beau monde embarqué.

Je repars, toujours prêt à des haltes pareilles.
En traversant un pont, me voici tout oreilles
Pour un bruit de concert éloigné que j'entends ;
Non pas qu'il soit commun de voir, comme au beau temps
De l'amoureuse fièvre en ce peuple attiédie,
Glisser de noirs bateaux ivres de mélodie...
Vieille comme un ruban quitté, mode d'hier,
La sérénade, hélas! s'en va ; mais, en plein air,
On fait cercle toujours d'un goût opiniâtre
Pour redire les chœurs entendus au théâtre.
Puis, ici, nul refrain vague, nul instrument
Dont la sonorité ne charme étrangement,
Mouillée en ces détours de la mer qui nous cerne ;
Et même le jeu sec d'un piano moderne

Y prend, en martelant les notes d'un solo,
Cette molle douceur des musiques sur l'eau.

Il se fait tard : nul bruit ; et, curieux, j'épie
Le mystère croissant et Venise assoupie.
Heure exquise, où, parmi le silence, souvent,
On recueille, apportés par un souffle de vent,
Les aveux qu'au Lido fait la mer murmurante !
Comment rentrer ? L'humeur de plus en plus errante,
Je me livre aux hasards sans nombre d'un circuit
Dont le fil, en zigzags bizarres, me conduit
Jusqu'au fond d'une cour muette et sans issue.
En travers de ma route, à tout moment déçue,
Semblent surgir des trucs de féerie imprévus :
Car jamais plus d'aspects fantasques et confus,
D'impasses, de degrés, de ponts, de coins, de voûtes,
Plus de tournants fâcheux à l'esprit plein de doutes,
Plus d'accidents divers, embrouillés à plaisir,
N'ont pu mieux exercer le puéril loisir
D'un Dédale cherchant des plans de labyrinthe !
Moi, sans perdre de temps à tâtonner, sans crainte
De m'égarer, — tu sens que je m'en fais un jeu, —
Je suis, entre les toits pressés, le sillon bleu
Du ciel, qui soudain s'ouvre immense : c'est que j'entre
Sur une place, avec son puits de marbre au centre,
Et son église au fond invariablement.
Seul, dans l'obscurité de ce *Campo* dormant,
Un café luit, dressant des tables sous sa treille :

Et là, patient comme un Turc, le patron veille
Jusqu'à l'aube, pour un client muet aussi,
Qui boit à petits coups des sorbets.

       Ces gens-ci
Semblent exempts, par un privilège d'espèce,
Des lourds sommeils qui font notre paupière épaisse,
La sieste ne fermant qu'à moitié leur œil clair.
Mais bien qu'en ce pays où l'on couche en plein air
Je me heurte parfois à d'étranges figures,
Malgré l'aspect peu sûr de ces mille encoignures
Qui pour le guet-apens semblent faites exprès,
Et la commodité des canaux toujours prêts
A terminer un meurtre en noyade, le charme
Des nuits tièdes n'est point troublé de cris d'alarme,
Et la douceur des mœurs souffre qu'impunément
On rôde comme moi, sous le bleu firmament,
Sans prétexte pour craindre une sombre aventure.
Et pourtant, comme il faut à l'esprit sa pâture
De chimères, malgré tout l'attrait du réel,
Jusque sous l'influence exquise de ce ciel
Qui donnerait au spleen même le goût de vivre,
Quelquefois j'ai senti des souvenirs de livre
Troubler l'impression naïve du présent.
Lorsque la nuit m'enivre et que, chemin faisant,
J'entends sonner mes pas dans l'écho d'un portique,
Parfois tressaille en moi l'écolier romantique.
Alors, à demi dupe et complice à demi,

Je me prends à chercher le vieux peuple endormi
Des antiques palais ; j'ai, dans les endroits sombres,
Quelque désir peureux de voir passer vos ombres,
Puissants doges, amants tragiques, durs guerriers,
Courtisanes ! vous tous qui viviez et mouriez,
En ces temps où la vie humaine eut des délices
Plus ardentes, parmi l'embûche des supplices,
Race du siècle fort, où fleurit l'Art divin,
Que l'Art natal sauva de la commune fin
Et, pour l'éternité, garde peinte et sculptée !

Libre à toi de railler mon extase apprêtée,
Camille : c'est hier que je rêvais ainsi,
Sourcilleux, et creusant le passé sans merci.
Mais, comme, à l'angle noir d'une place déserte,
Je prenais l'air d'un homme à deux doigts de sa perte
En épelant tout haut : *Place des Assassins*,
Moqueuse, et m'arrachant à ces rêves malsains,
Une voix toute proche, à mon oreille presque,
A contrefait ma voix comme un écho burlesque.
Et tandis que, surpris, je regardais en l'air,
Un beau rire de femme, un rire jeune et clair,
A résonné derrière une persienne close...
Adieu le drame ! adieu l'impression morose
Que cherchaient mon pas grave et mon sourcil froncé !
Ce doux rire magique a fait dans le passé
Refluer tout l'essaim des tragiques fantômes.
Au lieu de la légende éparse en vingt vieux tomes,

Qui me hantait, le monde aimable de Gozzi,
Le moderne idéal m'a soudain ressaisi,
Au point que j'ai bientôt vu, sous la lune molle,
Passer, à pied, en chaise à porteurs, en gondole,
A la file, sortis de l'ombre par milliers,
D'autres spectres, ceux-là charmants et familiers !
A mes yeux fascinés toute la Comédie
Italienne, en sa bigarrure hardie,
Avec ses jeux, ses bonds, ses gestes, ses baisers,
Et ses mille réseaux d'intrigue entrecroisés,
A paradé, suivant mes pas jusqu'à ma porte.
Un rêve a prolongé l'obsession plus forte :
Si bien qu'en mon esprit Venise tient un peu
D'une ville bâtie en plein pays du bleu,
Où, chaque soir, peuplant ses fantasques méandres,
Pantalons, Truffaldins, Colombines, Cassandres,
Reviennent à l'insu des bourgeois sommeillant,
Et, jusqu'à l'heure froide où blanchit l'Orient,
Fourmillent sous l'azur, livrés avec démence
Aux longs ébats d'un jeu de cache-cache immense.

Venise, août 187...

CHANSONS D'AVRIL

LA CHANSON DES BAISERS

Le premier baiser de la bien-aimée,
Oh! comme il glissa rapide et muet!
L'oiseau fuit, moins prompt, la branche pâmée
Qu'à peine effleura son vol inquiet...

Mais au frôlement d'une aile légère,
Tressaille encor moins la feuille des bois
Qu'une joue en feu sous la lèvre chère,
Au baiser reçu la première fois.

Depuis ce premier baiser, beaucoup d'autres,
Bien mieux appuyés, savourés bien mieux,
Plus fervents, plus longs que des patenôtres,
Ont vibré pour nous, tendres ou joyeux;

Et comme il n'est pas d'oiseaux si farouches
Que l'amour bientôt n'ait apprivoisés,
Souvent, au premier appel de nos bouches,
S'abat tout un vol de bruyants baisers.

Pressés, redoublés jusqu'à perdre haleine,
Ils ne feront pas oublier pourtant
Celui qui, timide et sensible à peine,
Précéda l'essaim sonore et chantant :

Et la bien-aimée userait ses lèvres
Aux baisers nouveaux, sans bien apaiser
La soif obstinée et les longues fièvres
Que fit naître en nous le premier baiser.

LE MASQUE

I

C'est en Avril, le mois charmant,
C'est par une douce soirée,
J'y songe avec ravissement,
Chère, que je t'ai rencontrée.

Il était loin, le Carnaval
Et sa mascarade vulgaire !
Mais, vois-tu, la vie est un bal
Où l'imprévu ne chôme guère.

Ta voix moqueuse et ton œil gai
M'apprirent, sitôt apparue,
Que l'on peut se voir intrigué
Mieux qu'à l'Opéra, dans la rue.

Le loup de velours, où les yeux
Luisent seuls, se détache et glisse
Parfois : mais le tien tenait mieux,
Fait de mystère et de malice.

En moi nul domino n'eût tant
Éveillé de réminiscences,
Ni d'un charme plus irritant
Que tes soudaines réticences.

« Nous nous sommes déjà vus... Mais
Où donc? — Cherchez!... » Et sur ta joue,
A tous les noms que je nommais,
Se creusait une exquise moue.

— « Pauvre mémoire! » disais-tu,
Riant à chaque récidive :
Jusqu'à ce qu'à me voir battu
Prise d'une pitié tardive,

Et voyant que j'avais « donné
« Ma langue aux chats, » selon l'usage,
Sous l'incognito détourné
Tu me montras ton doux visage.

II

Ton visage était cependant,
En ses airs de verve égayée,
Encore un masque, défendant
Ton âme fière et repliée.

Le sourire dont, ce soir-là,
Tu pris la frivole apparence,
A mes yeux quelque temps voila
Ton secret d'intime souffrance.

Aussi, quoique d'abord charmé
De la souriante étrangère,
Dont au premier abord j'aimai
La grâce et la voix toujours chère,

Je préfère à ce doux soir bleu
Les soirs pluvieux ou moroses,
Où plus d'un douloureux aveu
Força tes lèvres longtemps closes,

Où me vint, comprenant le deuil
Des amertumes repassées,
Plus de respect pour ton orgueil
Que de pitié pour tes pensées ;

Les soirs où l'espoir d'apaiser
Le tourment des mauvaises fièvres
Doubla la douceur du baiser
Que ne refusaient plus tes lèvres,

Alors que, rêvant de guérir
Par de patientes tendresses
Ton cœur triste et las de souffrir,
Comme un enfant, par des caresses,

Je t'endormis au bercement
De mes bras, — chaine refermée
Doucement, oh! bien doucement,
Sur ton cœur blessé, bien-aimée.

LA CHANSON DES PETITS PIEDS

I

Tes petits pieds allaient bien vite
Lorsque, fuyant mes yeux ravis
De cet air froid qui nous invite
A vous suivre, je te suivis...

Sur leurs talons, posant à peine,
Ils m'entraînèrent d'un tel pas
Que ma poursuite hors d'haleine,
Un peu plus, ne t'atteignait pas.

Leur vitesse m'était connue...
— Mais, seul ensuite aux rendez-vous,
Lorsque je guettais ta venue
Avec des tressaillements fous,

Lorsque, fiévreux, j'ouvrais l'oreille
Au bruit de tes pas, épiés
Dans une angoisse sans pareille,
Qu'ils étaient lents, tes petits pieds !

II

Capricieux comme toi-même,
Vifs et légers comme tes vœux,
Ces petits pieds, oh ! je les aime !
Et cependant je leur en veux...

Ce qui leur nuit dans mon estime ?
C'est, depuis que je les connais,
De goûter peu la joie intime
Faite du contact des chenets ;

De chausser, infidèles hôtes
Qu'attriste le chant du grillon,
Plus souvent les bottines hautes
Que la mule de Cendrillon ;

Et même d'avoir, hypocrites
Sous des airs sages et dormants,
En songeant aux valses proscrites,
De coupables frémissements...

III

Que de fois au début, chérie !
J'ai dû quereller en ami
Tes mains, dont la sauvagerie
Ne se confiait qu'à demi :

Tes mains, d'un instinct si farouche
Qu'au temps de notre amour premier
Elles palpitaient sous ma bouche
Comme eût fait l'aile d'un ramier !...

A présent, sans fuir la caresse,
Leurs frêles doigts apprivoisés
Souffrent l'étreinte qui les presse
Et se livrent aux longs baisers...

Mais inquiets sans trêve encore,
Impatients du moindre arrêt,
Les petits pieds libres, j'ignore
Quel pouvoir les enchaînerait !

Et, quelque sûreté que fonde
Mon cœur naïf sur ton serment,
C'est de leur humeur vagabonde
Que naît mon éternel tourment...

Donne, oh! donne, que je les baise
Dévotement, ainsi qu'il sied !
Que je manie et que je pèse
Longuement chaque petit pied,

Et qu'enfin je devine, habile
Aux minutieux examens,
Le plus ailé, le plus mobile :
Petits pieds, ou petites mains ?

1873.

L'AMOUR PEINTRE

Je passe bien des jours à guetter longuement
Sa rencontre : mes vœux ne vont qu'à ce moment !
Dans l'attente de cette apparition brève
Qui, chaque fois, ressemble à la douceur d'un rêve,
Je recueille mes sens et mon âme ; je veux
Retenir tout : le ton précis de ses cheveux,
Le rythme de son pas et les plis de sa robe,
Et le son de sa voix, et l'éclair que dérobe
Sa paupière baissée, et son sourire, et tout !...
Je veux qu'en ma mémoire elle reste debout,

En pied, sans un détail omis, et que rien d'elle
Ne manque à son portrait palpitant et fidèle !
— « Le modèle, à présent, peut venir... Je suis prêt
Et je tiens ma palette... » — Alors, elle paraît :
Et le peintre n'est plus qu'un amoureux qui tremble
Et ne voit rien, sinon le rayonnant ensemble
Où la nuance, éparse en mille riens charmants,
S'évanouit aux yeux pleins d'éblouissements !
— Que sert de raisonner l'échec qui me désole ?
Son regard m'a distrait de sa voix ; la parole,
Captivant mon oreille, a détourné mes yeux
De l'attention due au geste harmonieux ;
Et, grisé du parfum dont la langueur m'oppresse,
Je n'ai pas savouré pleinement la caresse
De sa main, par la mienne effleurée un instant !...
— Une brume, où se perd le contour hésitant,
Brouille en mon souvenir l'image bien-aimée :
— Et le teint délicat, le profil de camée,
Le sourire, les yeux, gardent l'aspect confus
Qu'ont, dans le rêve, l'ange et la fée entrevus...

CHANSON

Lorsque en passant tu me souris,
Tout de ta bouche enchanteresse
Revêt l'aimable coloris ;
Et dans l'air bleu flotte une ivresse,
Comme au temps des pêchers fleuris.

Lorsque ton regard froid m'effleure,
Adieu ma joie et la gaité
Du ciel rayonnant tout à l'heure !
Sur l'horizon désenchanté
Un nuage pèse et demeure.

Lorsque tu passes sans me voir,
Mes inquiétudes accrues
Tournent au morne désespoir,
Et je m'en vais seul par les rues
Funèbres sous le soleil noir.

BOUQUET

Pauvres fleurs d'un bouquet de fête,
Votre fraîcheur, que peu d'instants
Flétriront, ne semble pas faite
Pour promettre d'aimer longtemps.

Peut-on sans ironie amère
Engager l'avenir lointain,
Quand on est la rose éphémère
Ou le liseron d'un matin ?

— Mais dites à la bien-aimée,
Fleurs frêles aux tendres couleurs,
Que votre beauté parfumée
Revit sans cesse en d'autres fleurs ;

Et qu'en sa durée infinie
L'Amour n'a pas, grâces au ciel,
La stupide monotonie
D'un bouquet artificiel.

Dites-lui que, tels vos calices
S'ouvrent l'un après l'autre en Mai,
Telles se suivent les délices
Qu'elle éveille en mon cœur charmé ;

Qu'en moi d'amoureuses pensées
Sous son regard naîtront soudain,
Plus tendres et plus nuancées
Que les liserons du jardin,

Et qu'ainsi que se renouvelle
Un rosier blanc, pourpre et vermeil,
Mon amour fleurira pour elle,
Toujours vivant, jamais pareil.

*
* *

Dans un peu de liqueur laissée
Au fond de ton verre, souvent
J'ai voulu surprendre en buvant
Le fond de ta chère pensée.

O puéril et vain désir!
Je ne sais pas si le mystère
Que le cœur des femmes sait taire
Chez les autres se peut saisir.

Mais jamais tu ne te révèles :
Et dans le verre où les baisers
De tes lèvres s'étaient posés,
Je n'ai bu que des soifs nouvelles.

LA RUPTURE

Ma bien-aimée, en la saison
Riante où bleuit l'horizon,
Voulut faire œuvre de raison,

La chère folle! et, comme un rêve
Trop doux qui jamais ne s'achève,
Clore notre liaison brève.

Elle me fit entendre, sans
Qu'elle pût aux mots caressants
Oter la rigueur de leur sens,

Que fidélité, c'est chimère !
Et que le caprice éphémère,
Lui seul, n'a point de suite amère.

Prévoyante à l'excès, par peur
Des maux de l'avenir trompeur,
Elle dit, sans voir ma stupeur :

« Je veux rompre la douce chaine
Dont la lassitude prochaine
Vous ferait, hélas ! une gêne ! »

Vainement, sûr des lendemains,
Contre ces projets inhumains
Je luttais, retenant ses mains.

Mes pleurs, mes plaintes, bagatelles !
Mais, dans ces minutes mortelles,
Ses petites mains tremblaient-elles

A défaire ce rets subtil
Que les jours tressent fil à fil ?
Je ne sais pas. Toujours est-il

Qu'après que, dénouant les trames
De l'union conclue entre âmes,
Pour jamais nous nous séparâmes,

L'Amour sourit, nous retrouvant
Liés, ô succès décevant !
Par un lien plus fort qu'avant.

NUIT DE PRINTEMPS

I

Le triste soir ! Bien que dans les délices
  De l'air calmé,
La lune fît se pâmer les calices
  Des fleurs de Mai ;

Bien que chantât le rossignol dans l'ombre
  Éperdument,
Comme enivré parmi la douceur sombre
  Du bois dormant ;

Et que le ciel, à travers les ramées
    Claires encor,
Épanouît ses bleuités semées
    D'étoiles d'or ;

Ce triste soir n'était que splendeur vaine,
    Puisque son cœur,
Fait pour aimer, souffrait, gonflé de haine
    Et de rancœur !

Puisque, livrée au désespoir sans bornes,
    La chère enfant
M'accompagnait sans pleurer, les yeux mornes,
    Mais étouffant...

Et mon cœur plein de pitié fraternelle
    Souffrait aussi,
Ne pouvant rien pour apaiser en elle
    Ce noir souci :

Car sentant bien ma parole importune
    Et sans douceur,
Je me taisais, ému comme près d'une
    Petite sœur.

II

La belle nuit! Tout ce que l'heure brève
    Peut contenir,
Je m'en souviens; et cela tient du rêve,
    Ce souvenir!

Les murs étroits de cette chambre amie,
    Je les revois :
J'entends le bruit, dans l'auberge endormie,
    De nos deux voix.

On parlait moins de la peine soufferte,
    Et par instants
Montait à nous de la fenêtre ouverte
    Tout le printemps...

L'apaisement ruisselait de ton urne,
    Grand ciel lacté!
Et par degrés nous gagnait la nocturne
    Sérénité,

Qui du chagrin faisant tomber les voiles
    Assombrissants,
Pleine de chants, de parfums et d'étoiles,
    Charmait nos sens...

Sans qu'il fût dit un seul mot d'espérance,
 L'amour secret
Se trahissait déjà sous l'apparence
 D'un doux regret.

C'étaient déjà vos langueurs et vos fièvres,
 Premiers aveux !
C'étaient ses mains dans mes mains, et mes lèvres
 Sur ses cheveux.

On n'osait pas se dire : « Je vous aime »
 Encore, — mais
Tout en parlant d'exil, d'adieu suprême :
 « Je vous aimais... »

Ainsi qu'à deux, bien souvent, on arrange
 Tout l'avenir,
Nous refaisions le passé, chose étrange,
 Pour nous unir.

« Nous aurions eu telle existence, telle
 Demeure aussi... »
En le disant, pourquoi souriait-elle,
 L'aimée, ainsi ?

Je répondais, croyant parfois l'entendre,
 Puis frémissant
De me tromper à l'intention tendre
 De son accent :

Doute si cher lorsqu'on se le rappelle,
  Que nuls ennuis
N'effaceront de mon cœur la plus belle
  Des belles nuits !

III

O doux matin ! — Sans voir notre surprise
  Et nos regrets,
Lorsque parut une aube rose et grise
  Au ciel plus frais ;

Lorsque le jour vacillant dans l'air sombre
  N'en fit que mieux
Sous le doux front encore baigné d'ombre
  Luire les yeux ;

Décolorée à cette clarté blême
  De l'orient,
Quand je la vis, chère en sa pâleur même,
  Me souriant ;

Dans ce regard plein de langueur muette
  Enfin je lus
Si clairement que mon âme inquiète
  Ne douta plus.

Le mal s'était, avec les vœux funestes,
    Évanoui...
Plus de départ et plus d'exil! « Tu restes,
    N'est-ce pas? — Oui. »

— O gai retour par cette même route,
    Si triste hier :
Comme, en marchant, elle s'appuyait toute
    Sur mon bras fier!

Comme on foulait, joyeux, les routes grises,
    A peine las,
Entre les murs débordants de cytises
    Et de lilas!...

O doux propos sur le choix d'un asile,
    Projets à deux!
Rêves où rien ne semble difficile,
    Ni hasardeux!

Voyage heureux et d'où nous rapportâmes
    Tout ce butin
De parfums et de rosée en nos âmes!
    — O doux matin!

PLUIE ET SOLEIL

PLUIE ET SOLEIL

Sous la pluie et sous le soleil,
Montant ou dévalant la pente,
Comme fait tout homme, j'arpente
Le grand chemin sombre ou vermeil.

Le bleu d'azur, le noir de suie
Alternent dans le ciel divers,
Et je m'en vais faisant des vers
Sous le soleil et sous la pluie.

D'humeur variable, et pareil
Au temps qui change d'heure en heure,
Souvent je ris, des fois je pleure,
Sous la pluie et sous le soleil.

Sous le soleil et sous la pluie,
Je rêve, trempé jusqu'aux os ;
A l'averse je tends le dos,
Jusqu'à ce qu'un rayon m'essuie.

Comme la pluie et le soleil
Se mêlent pour tomber ensemble,
Parfois mon cœur, triste et gai, semble
Flotter en un double conseil.

Mais déjà ma jeunesse enfuie
Me semble loin dans le passé ;
Les ans sur ma tête ont glissé
Comme le soleil et la pluie ;

Et songeant au dernier sommeil,
Je vais par la grande nature,
Sans plus chercher d'autre aventure
Que la pluie et que le soleil.

QUATRE CHANSONS

DE ROBERT BURNS

A ROBERT BURNS

Tout de suite, en ouvrant ton livre, je t'aimai,
Doux poète écossais dont les chansons à boire
Et les chansons d'amour reflètent la nuit noire
De Décembre, et surtout les bleus matins de Mai.

Les pieds dans la rosée, ivre d'air embaumé,
Tu voyais le soleil se lever dans sa gloire,
Et, pour t'en inspirer, tu gardais en mémoire
L'essor de l'alouette, ô laboureur charmé !

L'épi mûr et la fleur, le buisson d'aubépine,
Les joncs qui près de l'eau frémissent, la ruine
Où le lierre verdit les murs démantelés,

L'air et le sol natal, dont l'odeur vive reste
Toute fraîche en dépit de cent ans écoulés,
Parfument ton bouquet de poésie agreste.

I

JOHN ANDERSON

John Anderson, mon bon ami, j'avoue,
    Quand je vous connus, jeune et beau,
Que les cheveux bouclaient sur votre joue,
    Noirs comme une aile de corbeau...
Le voici chauve à moitié, ce front lisse,
    Et couvert de neige à demi :
Mais tout chenu qu'il est, Dieu vous bénisse,
    John Anderson, mon bon ami !

John Anderson, mon bon ami, la vie
    Comme un coteau s'offrait à nous.

Du même pas, John, nous l'avons gravie :
   A deux, le chemin fut si doux !
— C'est la descente, et notre jarret tremble :
   Allons, l'un par l'autre affermi,
Dormir au pied de la colline ensemble,
   John Anderson, mon bon ami !

II

PERSONNE

Je possède une femme, et de ce bien chéri
   N'entends faire part à personne ;
Que personne n'en veuille à mon front de mari,
   Je n'en veux au front de personne.

De deux sous, tout autant ! Dieu m'a daigné renter,
   Et je ne les dois à personne ;
A personne, d'ailleurs, je n'ai rien à prêter,
   Je n'emprunte rien à personne.

Personne ne mettra la main sur mon collet,
   Car ma vieille rapière est bonne !

Personne, je le dis, ne sera mon valet,
    Ni moi le valet de personne.

Je veux vivre joyeux et libre, et, Dieu merci !
    Ne m'attristerai pour personne ;
Si personne, après tout, de moi ne prend souci,
    Je n'aurai souci de personne.

III

LA CHANSON DES YEUX BLEUS

J'ai pris hier une route funeste ;
Et j'en mourrai, cela n'est point un jeu :
J'ai rencontré deux yeux d'un bleu céleste,
    Des yeux — d'un si beau bleu !

Les tresses d'or, le sein gonflé, la bouche,
Rose mouillée, oh ! je m'en émus peu,
Voyant briller ces yeux d'un bleu farouche,
    Ces yeux — d'un si beau bleu !

Elle parla, sourit, la chose est sûre,
Et prit mon cœur : je n'y vis que du feu ;
Mais ses yeux seuls causèrent ma blessure,
    Ses yeux — d'un si beau bleu !

L'amour muet peut-il se faire entendre ?
Fasse le ciel qu'elle exauce mon vœu :
Sinon, je meurs — par ces yeux d'un bleu tendre,
    Ces yeux — d'un si beau bleu !

IV

LA CHANSON DU LABOUREUR

Un matin de printemps, la voix jeune et ravie
D'un laboureur me tint en extase ; et j'aimai
Sa chanson qui disait : « Nul n'a si douce vie
Qu'un jeune laboureur dans le doux mois de mai !

« L'alouette au matin sort du nid, la rosée
Aux plumes, et tout droit monte vers le zénith ;
Puis tout le jour, auprès du laboureur posée,
Chante et siffle, — et, le soir, s'en retourne à son nid. »

HUIT SONNETS

I

LA LUMIÈRE

Au temps des Grecs, — beau temps comme un rêve écoulé
La lumière du jour fit la vie opportune,
Allégeant la souffrance, ainsi que l'infortune,
Douce même à l'esclave et même à l'exilé...

Comme eux j'aime le jour; et ton rêve étoilé
Voluptueusement baigne mes yeux, Nuit brune.
— Même en ton noir profond, sans astres et sans lune,
Je t'aime, ô douce Nuit, qui n'es qu'un jour voilé.

C'est dans la tombe froide, aveugle et sans mémoire,
Que l'horreur ténébreuse et l'ombre vraiment noire
Irrévocablement empliront les yeux clos.

Homme, avant que la Mort ne ferme ta paupière,
Ouvre grands tes regards et bois le jour à flots
Pour vibrer aux rayons de la douce lumière !...

5 Juin 1883.

II

LUNE EN MER

A FRÉDÉRIC RÉGAMEY

La mer pleine se pâme avec de longs sanglots
Vers la lune en son plein, là-haut froide et muette...
Distincte et blanche ainsi qu'une aile de mouette,
Une voile au lointain file, rasant les flots.

Bonne chance à ceux-là qui voguent, les yeux clos !
Mais la sérénité de la nuit m'inquiète :
Et j'ai peur — aujourd'hui j'ai relu *la Tempête !* —
Pour le sommeil bercé des pauvres matelots.

O pilotes, veillez ! Songez bien, ô vigies,
Au prompt déchaînement des célestes magies,
A l'éveil toujours prêt des souffles malfaisants :

Car là-bas où le roc sonne comme une enclume,
Dans les remous d'eau blême, aux pointes des brisants,
Les esprits de la mer dansent, vêtus d'écume !

III

LA NUIT ET LA MER

A SULLY PRUDHOMME

L'espace ne révèle au regard indécis
Qu'une ligne d'écume... Au delà, l'ombre dense :
Rien que le bruit des flots ; rien que la plainte immense
Qui se traîne du fond des horizons noircis.

Douceur sombre : j'endors, seul sur la grève assis,
Dans le vaste sanglot qui toujours recommence,
Ce qui survit en moi de chétive démence,
De misérables vœux et de pauvres soucis.

Mais depuis que le rêve en a connu les bornes,
Elles ont moins d'effroi, ces immensités mornes
Où le vague reflet du jour stellaire luit ;

Et la profonde mer sous les falaises hautes
Évoque, en ma pensée obscure de minuit,
Un plus noir océan qui n'a ni fond ni côtes.

Août 1882.

IV

Tant que le grand travail sauvage des hivers,
Comme un enfantement plein de cris, te torture,
L'horreur de tes sanglots s'est voilée, ô Nature,
Parmi les hauts sommets de nuages couverts.

L'été venu, voici que tes chemins rouverts
Invitent le rêveur marchant à l'aventure :
Et tu fais, près du parc où le troupeau pâture,
Écumer l'eau d'argent sous les ombrages verts.

Rochers tumultueux, arbres géants, la vie
Qui vous emplit déborde en mon âme ravie :
Tout chante et tout fleurit dans le décor brutal.

Au lointain, des grelots résonnent par saccades,
Et j'écoute tinter les notes de cristal
Dans la fraîcheur des bois tout vibrants de cascades.

Juin 1883.

V

EN MONTAGNE

D'abord, la vue est déroutée...
Puis les jambes le sont aussi.
Point de milieu : toujours, ici,
C'est la descente ou la montée.

Ce n'est pas sans quelque souci
Qu'on songe à la plaine quittée !
Les jarrets, l'haleine écourtée,
Les reins las, demandent merci.

Mais bientôt, quand l'air vif dilate
Les poumons, l'existence plate
Est tenue en dédain profond ;

Et, gagnés de l'humeur grimpante
Des chèvres, les plus lourds se font
Au charme de la vie en pente !

VI

FLEUR DE MONTAGNE

Telle petite fleur sauvage aime à pencher
Sur le bruit des torrents sa grâce exquise et frêle,
Et se dérobe aux doigts du désir qu'elle appelle
Comme un défi, piquée au flanc noir du rocher.

Quelques prudents détours qu'on fasse, l'approcher
Ne se peut sans risquer une chute mortelle !
De plus vulgaires sont à portée, et point elle :
La rare fleur n'est plus où cesse le danger.

A qui l'emportera conquise sur l'abime,
Il faut un jarret sûr, un bras nerveux qu'anime
L'audace, et quelque chance heureuse follement;

Sinon, l'exploit tournant en lugubre équipée,
Un vertige subit fait au gouffre écumant
Rouler l'homme, et la fleur qu'étreint sa main crispée.

VII

PAYSAGE NORMAND

Dans l'enclos frais et vert d'une ferme normande
Que des murs de gazon bornent de tous côtés,
Par un double rideau de hêtres abrités,
J'imagine la vie apaisée et gourmande...

La place pour le rêve y serait assez grande :
Car un bout de prairie aux aspects veloutés
Sous le branchage bas des lourds pommiers voûtés,
C'est l'étroit horizon que le bonheur demande.

Et si l'instinct d'une âme inquiète voulait
Un contraste à ce calme, à ces flots de bon lait,
Au tapis d'herbe molle où dort la sieste à l'aise,

Il suffirait, les soirs où vient le vent de mer,
D'entendre, sans la voir, sous la proche falaise,
Rugir la majesté de l'océan amer.

Yport, 1877.

VIII

DESSOUS DE BOIS

Naïve, j'ai gardé l'impression première
De la forêt nocturne où soudain je pus voir,
Sous l'entrelacement du lourd branchage noir,
Rougeoyer, tout au loin, le feu d'une chaumière.

Plus d'une allée au bois, battue et coutumière,
Pour moi prend un aspect étrange à concevoir,
Quand, au pied des grands troncs reculés par le soir,
La ligne d'horizon met sa vive lumière.

Mystérieuse, ainsi qu'un rayon projeté
Sur une porte close, éclate la clarté
Au bas des arbres drus, d'où l'ombre épaisse tombe.

J'y retrouve toujours l'ancien tressaillement ;
Et, je ne sais pourquoi, je rêve l'outre-tombe
Comme un dessous de bois éclairé vivement.

23 mai 1883.

PETITE ANTHOLOGIE DU SALON

I

LE DÉPIQUAGE EN LANGUEDOC

Partout moissons faites : adieu faucille !
Sur l'aire sèche on a couché les blés,
Pris en dessous sans cesse et rassemblés
Par le trident de quelque alerte fille.

De l'aiguillon plus d'un drôle houspille
Les grands bœufs lents sous le joug accouplés,
Broyant sans fin les lourds épis foulés
D'où le grain dur jaillit et s'éparpille.

L'œil effaré d une même langueur,
Au chaud du jour peinent d'un même cœur
Bêtes et gens que l'âpre soif travaille :

Et le vertige ardent de Thermidor
Fait tournoyer le vol des brins de paille
Que le soleil change en poussière d'or.

II

PÊCHEUSES DE MOULES

En attendant que la mer basse
Marque l'heure d'aller chercher
Les moules aux creux du rocher,
On a fait halte, et le temps passe.

Cette marmaille en bonnet blanc,
Sans nul souci de l'attitude,
Repose avec béatitude,
Qui sur le dos, qui sur le flanc...

Leurs petits frères, déjà mousses,
Avec les pères matelots
S'en vont sur l'infini des flots :
— Elles, leurs tâches sont plus douces.

Oh ! plus tard, femmes de pêcheurs,
Elles auront aussi, pauvrettes !
Leur lot d'angoisses toutes prêtes :
Durs travaux, et soucis rongeurs...

Mais pour l'instant, — quoique nul peigne
Ne réprime leurs blonds cheveux, —
Gamines au jarret nerveux,
Rien ne commande qu'on les plaigne !

Le vieil Océan, leur parrain,
Les doua toutes à merveille :
Leur saine puberté s'éveille
Dans la douceur de l'air marin.

Si leurs bras nus aux courtes manches
Et leur joue ont, au vent de mer,
Pris le hâle, c'est ce même air
Dont le sel leur fait les dents blanches !

III

DRYADE

Nue au fond des bois, l'enfant est couchée.
Son sommeil, que hante un chant de hautbois,
A pour bercement la source cachée.
L'œil fin de l'oiseau couvant sa nichée
La voit seul dormir, nue au fond des bois.

Sa blanche beauté dans la forêt sombre
Glisse la douceur d'un rêve argenté.
Le murmure, au loin, des arbres sans nombre
Porte envie au chêne heureux de qui l'ombre
Baigne de fraîcheur sa blanche beauté.

IV

LE MANCHON DE FRANCINE

Pauvre fillette de bohème
Dont s'incline le front blêmi
Aux pages sombres du poème
Qu'éclairent Musette et Mimi!

Quelle princesse de ballade
Aurait ta grâce à sommeiller
Dans ce grand fauteuil de malade,
Plus blanche que ton oreiller,

Et parmi les tiédeurs moelleuses
Du manchon neuf que tu voulus,
Plongeant ces menottes frileuses
Que rien ne réchauffera plus ?

— On a tant lassé nos oreilles,
Tant abusé de nos pitiés,
Que le public sur tes pareilles
Ne s'attendrit plus volontiers :

Mais toi, ton histoire est si brève !
Et puis quelle sévérité
Tiendrait contre l'effroi qui rêve
Au fond de ton œil dilaté ?

Sur ta fin, petite Francine,
Pleurent, distraits de temps en temps
Du droit ou de la médecine,
Encor bien des yeux de vingt ans ;

Et ton souvenir, qui se grave
En nous, fait vivre, doux et cher
Même à la jeunesse plus grave,
Le nom aimable de Murger.

V

LE MARIAGE D'UN PRINCE

Sous les hauts plafonds peints d'où tombe le vertige,
Par les salons où l'or flambe de tout côté
Dans le miroitement des parquets reflété,
Le prélude engageant d'un orchestre voltige :

Et d'un pas mesuré daignant ouvrir le bal,
Leurs Altesses qu'unit un enlacement souple
S'avancent sous les mains symboliques d'un couple
Dont les bras arrondis forment l'arc triomphal.

Dans le demi-sommeil qu'un sourire accompagne
Dodeline maint vieux diplomate... — Qui sait
Si quelque comédie exquise de Musset
N'est pas celle qu'on joue en cette cour d'Espagne?

Prince, auriez-vous appris du sceptique écolier
Fantasio, qu'il est des cœurs que rien n'achète?
Des princesses versant une larme en cachette,
Visible seulement pour le fou familier?..

Princesse, avez-vous lu la *Nuit vénitienne?*
Sauriez-vous qu'infidèle au premier choix du cœur
On peut changer d'amour, lorsque tendre et moqueur
Parle un maître, tenant votre main dans la sienne?

Mystère!... L'étiquette en ses replis nombreux
Entortille pour vous le bonbon Hyménée :
Et qui sait, à vous voir la bouche enfarinée,
Si le goût vous en est amer, ou savoureux?

VI

PORTRAIT DE FEMME

O belle, qui portez cette toilette empire
    Avec un charme sans égal,
Et, l'éventail en main, fière, semblez sourire
    A quelque tendre madrigal!

De grâce, soyez sourde à ces fadeurs moroses
    Que vous débite, je le crains,
A grand renfort d'*albâtre* et de *lis* et de *roses*,
    Votre cour de contemporains.

Sans rimes ni couleurs, toute leur poétique
    N'eut rien pour louer dignement
La perfection pure et la douceur attique
    De votre visage charmant.

Il n'eût bien dit, cet art de galante routine
    Fait pour des Iris de carton,
Ni le nez droit et fin, ni la bouche enfantine,
    Ni l'ovale exquis du menton...

La candeur des grands yeux, comment l'eût-il pu rendre ?
    Et, tentation du moins fou,
La grâce des cheveux brumant en fine cendre
    Sur l'attache molle du cou ?

Pauvres luths surannés ! serinettes sans force !
    Qu'ils eussent été malvenus
A vouloir célébrer l'irrésistible amorce
    De vos bras splendidement nus !

Donc, belle de jadis, agréez d'un poète
    L'hommage esthétique et fervent
Qu'avec tant d'amoureux cette beauté parfaite
    N'obtint pas de votre vivant.

Car vous êtes trop tôt, madame ! ou trop tard née,
    Et Prudhon seul, et seul Chénier,
Vous eussent comme il sied chantée ou dessinée
    Vers la fin du siècle dernier.

VII

OLYMPE

PORTRAIT EMPIRE

Aux aguets sous l'ombre portée
Du lourd chapeau mystérieux,
La douceur claire de ses yeux
Luit, traîtreusement apostée.

Sous la taille haut remontée,
La tunique n'en suit que mieux
Le long du torse harmonieux
La ligne qu'on dirait sculptée.

Les beaux bras d'un galbe charmant
Sont faits pour presser mollement
Le montant doré d'une harpe,

Et, toute déesse qu'elle est,
C'est d'Olympe qu'Iris pourrait
Apprendre à porter une écharpe...

INNOCENCE

J'EN sais une, ô filles fardées!
Une paysanne, oui-da!
Qui vous passe de vingt coudées,
Mesdames du quartier Bréda.

Devant cette fraicheur sans ruse
Qu'anime l'ardeur du chemin,
Rougissez, langueurs de céruse!
Pâlissez, pudeurs de carmin!

Sa joue est légèrement brune;
Et la pêche au velours changeant,
Le satin léger de la prune,
N'ont pas d'attrait plus engageant.

Ses cheveux, que le soleil fonce,
Sont très fins en leur épaisseur
Où l'œil voluptueux s'enfonce,
Avec un frisson de douceur.

Sa bouche rose est à décrire,
Car on voit des perles dedans;
Ses dents éclairent son sourire,
Son sourire éclaire ses dents.

Quel écrin vaut sa bouche fraîche
Et les diamants de ses yeux?
Quel parfum, son odeur de pêche?
Et quel or, ses cheveux soyeux?

LA PETITE MENDIANTE

Dans le nid d'oiseaux, les petits,
Bien repus, ont plié leur aile,
Et sous la garde maternelle
S'endorment, chaudement blottis.

Abrité contre la nuit fraîche,
Près de la brebis, l'agnelet
S'est assoupi, gorgé de lait,
Dans la paille au pied de la crèche.

LA PETITE MENDIANTE

Devant le foyer réchauffant,
Au bord de la couchette blanche,
Plus d'un doux visage se penche
Pour veiller un sommeil d'enfant...

Il n'est pas jusques aux poupées,
Insensibles au froid pourtant,
Qui dans leurs langes, l'air content,
Ne reposent enveloppées.

Tandis que rôdant en plein air,
Si peu vêtue à pareille heure !
Une pâle fillette pleure
Et grelotte au fond de sa chair.

Manquant de pain, d'un abri même,
Elle sait trop bien, pour se voir
Abandonnée ainsi le soir,
Que personne au monde ne l'aime.

Honteuse, d'un air indécis,
Par peur des paroles bourrues,
Vers les rares passants des rues
Elle allonge ses doigts transis ;

Ou, devant la porte béante
Des bons logis pour elle clos,
Elle soupire, le cœur gros...
Pauvre petite mendiante !

AU LUXEMBOURG

A ANDRÉ LEMOYNE

Quand elle apparaissait en son jersey moulée,
Rieuse, le pied vif sous la jupe à volants,
Qui froufroutait avec des rythmes turbulents,
Et laissant un sillage au sable de l'allée,

Les pierrots, amoureux de cette écervelée,
Quittant leur ton gavroche et leurs airs insolents,
Venaient se disputer, en oiseaux très galants,
Le pain que ses doigts fins jetaient à la volée;

Pendant que, roucoulant de berceuses chansons
Où l'amour semble avoir laissé tous ses frissons,
Les ramiers, qui prenaient ses lèvres pour des mûres,

Ravis, cessant, pour un instant, de regretter
Les fruits cueillis naguère aux lointaines ramures,
Voluptueusement venaient les becqueter.

PANTOMIME

Arlequin au nez noir, Pierrot au masque blême,
Me font envie, et c'est mon intime souhait
De vivre dans ce monde idéal et muet
Où, comme dans le nôtre, on s'agite et l'on aime.

L'un ou l'autre incarnant mon esprit inquiet,
Je tournerais, dans un rôle toujours le même,
Sur la pointe du pied, jusques au souffle extrême
D'un orchestre jouant des airs de menuet...

Le carnaval hurlant, ainsi qu'une mêlée
Où la foule en gaîté se tord bariolée,
Assourdit le rêveur doué d'un sens plus fin ;

Et mon goût épuré ne veut plus condescendre
Qu'à faire sans parler mille gestes, — afin
De disputer (seul but!) Colombine à Cassandre.

*
* *

Toutes les douleurs sont chimères;
Notre âme est un sable mouvant,
Rien d'écrit n'y résiste au vent
Qui sèche les larmes amères.

L'oubli des peines éphémères
Fait que le plus aimé souvent
Meurt dans l'âme du survivant.
Il n'est deuil, hélas! que de mères.

***

Combien de fois, au jour baissant,
J'ai tressailli, reconnaissant
Chez des passantes long voilées

Votre front à jamais courbé,
O tragiques inconsolées,
Hécube, Rachel, Niobé !

UN SOIR A ROME

Comme un baume divin qu'un vase d'or épanche,
L'arome capiteux de ta chair jeune et blanche
En moi déborde et seul emplit mon souvenir.
Ce soir, ce soir d'été qui ne veut pas finir,
Ton souffle chaud, plus chaud que l'air de la soirée,
La douceur de ta joue une fois effleurée,
La fleur de tes quinze ans que j'ai vu par degrés
S'épanouir, pareille aux lis blancs et dorés,
Tout le voluptueux attrait de ton enfance,
Ce soir, m'assaille, ouvrant mon âme sans défense

Aux désirs orageux que rayent des éclairs...
Faite des plus exquis parfums, des plus doux airs,
Des plus voluptueux frissons de la caresse,
L'âcre tentation dont l'étreinte m'oppresse
A plus de fils serrés qu'un réseau captieux :
Le sang brûle mon cœur, les pleurs brûlent mes yeux,
Et mon amour, ce soir, a ce cruel délice
Que l'ascétique cherche aux pointes du cilice.

. . . .
. . . .
. . . .

Même au prix de mon sang, je voudrais, bien-aimée,
En un baiser troublant et long, ce soir d'été,
Boire le blanc trésor de ta virginité.

SAISONS PARISIENNES

VILLANELLE

DES SAISONS MODERNES

Le Printemps peut avoir été,
Pour nos grands-pères, mieux qu'un rêve :
Jadis peut-être fut l'Été.

Un centenaire m'a conté
Qu'en Avril affluait la sève ;
Le Printemps peut avoir été...

Ses yeux morts avaient reflété
Des Juillets ardents sur la grève :
Jadis peut-être fut l'Été.

Mais l'univers débilité
A vu fuir sa jeunesse brève.
Le Printemps peut avoir été ;

Rayons ? parfums ? azur ? gaîté ?
Voir dans l'Éden d'Adam et d'Ève !
Jadis peut-être fut l'Été.

L'âpre Hiver, l'Automne crotté,
Sous nos yeux alternent sans trêve ;
Le Printemps peut avoir été.

Et le quatuor trop chanté
Des saisons en duo s'achève...
Jadis peut-être fut l'Été.

O poète désenchanté,
Tu n'as plus qu'à te mettre en grève !
Le Printemps peut avoir été.

La grelottante humanité
A froid et faim, nul grain ne lève...
Jadis peut-être fut l'Été.

Le soleil choit dans le Léthé,
Comme un ballon rouge qui crève!
— Le Printemps peut *avoir été*:
Jadis peut-être *fut* l'Été.

RONDES DES QUATRE SAISONS

POUR LES PETITS

PRÉLUDE

Entrez dans la danse !
Chantons et faisons
Tourner en cadence
Les quatre saisons.

Printemps, c'est à toi le premier
    De mener notre ronde ;
Fais neiger les fleurs de pommier,
    Viens embaumer le monde !

        Entrez dans la danse !
        Chantons, et faisons
        Tourner en cadence
        Les quatre saisons !

Adieu, Printemps ! Bonjour, Été !
    Souffle ta chaude haleine
Et conduis à maturité
    Les épis dans la plaine !

        Entrez dans la danse !
        Chantons, et faisons
        Tourner en cadence
        Les quatre saisons !

Automne, ceint de raisins doux,
    A ton tour entre en danse ;
Roi généreux, penche sur nous
    Ta corne d'abondance !

        Entrez dans la danse !
        Chantons, et faisons
        Tourner en cadence
        Les quatre saisons !

— « Hou ! hou ! » — Fuyons, voici l'Hiver !
    Gagnons nos chambres closes,
Et chauffons-nous près d'un feu clair
    Jusqu'au retour des roses.

I

RONDE DE PRINTEMPS

Chœur de Petits Jardiniers et de Petites Bouquetières.

CHŒUR

Qui veut des pervenches ?
Qui veut du muguet ?
Partout fleurs dans l'herbe et fleurs dans les branches ;
Ayons l'œil au guet !
De toutes couleurs : jaunes, rouges, blanches...
Chacun son bouquet !
Qui veut du muguet ?

PETIT-PIERRE

Moi, je cueillerai des fleurs d'églantine
Et des liserons à l'aurore éclos.

TOINON

Cherche des bleuets, Claire la blondine ;
Toi, brunette, prends des coquelicots.

PETIT-PIERRE

Le frais bouton d'or et la pâquerette
Sont jolis tous deux ; n'est-ce pas, Toinon ?

TOINON

La plus parfumée et la plus discrète
Est là sous nos pieds... Vous savez son nom?

PETIT-PIERRE

Voyez le vieux mur plein de giroflées !
Malheureusement, c'est trop haut pour nous.

TOINON

Nous avons assez de ces fleurs mêlées
Pour, en les tressant, nous couronner tous.

Reprise du Chœur.

II

RONDE D'ÉTÉ

Chœur de Petits Moissonneurs et de Petites Moissonneuses.

CHŒUR

Debout dès l'aurore,
Les jours de moissons,
Parmi les épis que le soleil dore,
En rond nous dansons !

Et quand vient le soir nous dansons encore
    Au bruit des chansons,
    Les jours de moissons.

JEANNOT

Le grain ne dort pas sous la terre : il veille,
Et pendant l'hiver fait son travail sourd.

JEANNETTE

Chaque petit grain, n'est-ce pas merveille ?
En été fait naître un bel épi lourd.

JEANNOT

La serpe aujourd'hui tranche et couche à terre
Un monceau d'épis en gerbe assemblé.

JEANNETTE

Demain l'on battra les gerbes dans l'aire,
Pour séparer bien la paille du blé.

JEANNOT

Le moulin mettra vite en poudre fine
Le grain, tout petit et tout dur qu'il est.

JEANNETTE

Puis l'on pétrira la blanche farine,
Et l'on nous cuira de bon pain mollet.

Reprise du Chœur.

III

RONDE D'AUTOMNE

Chœur de Petits Vendangeurs et de Petites Vendangeuses.

CHŒUR

A pleines corbeilles,
Courons vendanger
Sur les coteaux roux et le long des treilles
De notre verger...
Gare à nos ciseaux, gourmandes abeilles !
Tous, d'un pas léger,
Courons vendanger.

COLAS

Les vieux ceps tortus, qui rampent en ligne,
Sont tristes l'hiver : noire est leur couleur.

MARGOT

On voit, au printemps, verdoyer la vigne ;
Quel baume dans l'air, lorsqu'elle est en fleur !

COLAS

On craint tout d'abord givre, pluie ou grêle :
Un rien peut tuer le bourgeon vermeil.

MARGOT

Puis chaque rosée enfle le grain frêle,
Qui se dore un peu sous chaque soleil.

COLAS

Voici le pressoir : tous, à perdre haleine,
Faisons-le tourner, et tournons sans fin.

MARGOT

Le raisin foulé dans la cuve pleine
Fermente : écoutez la chanson du vin !

IV

RONDE D'HIVER

Chœur de Petits Frileux et de Petites Frileuses.

CHŒUR

Tiens ! la terre nue
S'habille d'argent !
La neige, dans l'air, légère et menue,
Tourne en voltigeant.

Tout, le gazon vert, la noire avenue,
    Le chaume indigent,
    S'habille d'argent!

NOEL

Vieux bonhomme Hiver, de ton avalanche
Et de tes frimas, nous nous en moquons!

COLETTE

Bientôt le Printemps aura sa revanche :
Le soleil fondra tes légers flocons.

NOEL

O pauvre frileux, qui geins et ne bouges,
A quoi bon souffler sur tes doigts tremblants?

COLETTE

La neige réchauffe et fait les mains rouges,
Quand on en pétrit des bonshommes blancs!

NOEL

Il a beau neiger, garçons et fillettes,
Nous avons chez nous bon gîte et bon pain!

COLETTE

Mais n'oublions pas d'en garder les miettes
Aux petits oiseaux qui meurent de faim.

PRINTEMPS MODERNE

J'ai fait rencontre, hier, de ce triste garçon
Sous le ciel bas et noir où crevait un nuage :
Il pleurait en portant des rossignols en cage
Dont le froid refoulait au gosier la chanson.

Sa couronne où fleurit la rose de buisson
S'effeuillait, dispersée aux souffles de l'orage;
Et ses cheveux noyés lui fouettaient le visage
Si glacialement que j'en eus le frisson.

Ma pitié redoublant, au souvenir des fêtes
Où lui faisaient cortège amoureux et poètes,
Quand le printemps ouvrait son décor embaumé :

« Jusqu'à ce que là-haut un pâle rayon perce,
Lui dis-je, arrête un peu ta course sous l'averse ;
Et chez moi, près du feu, viens te sécher ô Mai ! »

1883.

MARCHANDE DE FLEURS

IL est, hélas! mainte fenêtre
Dans les ruelles aux murs noirs,
Où jamais soleil ne pénètre,
Close aux parfums, sourde aux espoirs.

Mais partout, jusqu'au dernier bouge,
Roule, en dépit du pavé gras,
Le beau Printemps, bleu, jaune et rouge,
Sur l'étroite charrette à bras.

ODE AU MOIS DE MAI

Mai, qu'appellent des milliers
   D'ateliers !
O Mai ! première espérance
Des rapins qui, sans coton
   Au menton,
Déclarent Raphaël rance...

C'est toi qui, non seulement,
   Mois clément,
Fais refleurir la nature,

Mais qui rouvres les salons
        Longs, longs, longs,
Où triomphe la Peinture;

Qui, pour repaître nos yeux
        Curieux,
Aux riches couleurs des flores,
Ajoutes la floraison
        Sans raison
Des croûtes multicolores.

C'est toi qui, donnant le choix
        Au bourgeois,
A jour fixe lui ramènes
Les cobalts et les carmins
        Inhumains
Des *batailles* inhumaines;

Les *paysages* couverts
        De tons verts,
Les ciels brouillés ou sans tache,
Où Phébus a des couchers
        Panachés
De groseille et de pistache;

Les étalages de *nu*
        Saugrenu
Dans des postures étranges;

Et jusqu'aux *sujets pieux,*
      Ennuyeux,
A faire bâiller les anges !

C'est toi qui, dans les portraits,
      Demi-vrais,
Peints de couleurs incertaines
Par Dubufe ou l'éternel
      Cabanel,
Fais se mirer nos mondaines.

Tu hausses sur un fatal
      Piédestal
Les peintres de toutes tailles,
Et tu les combles d'honneur,
      Mois donneur
De rubans et de médailles !

Voilà pourquoi j'ai rimé,
      Mois de Mai,
Ta louange sur le mode
Dont jadis, pour ton gentil
      Frère Avril,
Remi Belleau fit une ode.

SONNET D'ÉTÉ

Le soleil darde à plomb. Las de monter des seaux,
L'Auvergnat alangui rêve de pastorale.
Les caniches, aux flancs secoués par le râle,
Usent leur langue au lit desséché des ruisseaux.

L'idylle des amants dînant sous les berceaux
Échoue (il fait si chaud!) dans la froideur morale...
Le sceptique, du seuil, guigne la cathédrale,
Tenté par la fraîcheur des gothiques arceaux.

L'honnête homme, en passant devant leur logis sombre,
Jalouse les coquins, — parce qu'ils sont à l'ombre !
Dans les bains à trois sous beaucoup d'exploits se font,

Et dans son parc, au pied des vieux chênes superbes,
L'austère homme d'État goûte l'oubli profond,
A plat ventre, le nez chatouillé par les herbes...

PRÉDICTION POUR SEPTEMBRE

En ce temps-là, cherchant une proie à découdre,
Sortiront de Paris, turbulents et fâcheux,
Pressés de faire, comme on dit, parler la poudre,
Cent mille hommes armés de fusils Lefaucheux.

Dans leurs poches faisant résonner leurs cartouches,
Précédés et suivis de chiens aux longs abois,
Tous altérés de sang, tous guêtrés, tous farouches,
Dès l'aurore ils courront s'embusquer dans les bois.

A voir venir de loin cette foule guerrière,
Le seul lièvre habitant la plaine Saint-Denis
Songera, doux rêveur assis sur son derrière :
« Quel motif peut armer tant d'hommes réunis ? »

Éclairé, mais trop tard, sur leur mobile sombre,
Après mille circuits de fuite, éperdu, las,
A la nuit, il devra succomber sous le nombre,..
Que vouliez-vous qu'il fît contre cent mille, hélas !

PIERROTS MODERNES

Musique, jeux d'enfants, babillage mondain,
Tout s'est tu... La nature ici prend ses revanches
De Paris où le somme a si peu de nuits franches;
Et la fraîcheur qui tombe a vidé le jardin.

Un par un, les quinquets s'éteignent. Chut! Soudain
Le fumeur attardé voit à travers les branches
Fuir des jupes que suit un vol de formes blanches
Dans un chuchotement amoureux et badin.

Avec ces gestes prompts et ces façons agiles,
Dans ton parc, ô Watteau, les Pierrots et les Gilles
Lutineraient ainsi les corsets virginaux :

Et ce sont, dans le soir un peu frais de septembre,
Les marmitons, encor brûlants de leurs fourneaux,
Qui vont papillonnant près des femmes de chambre.

Septembre 1882.

SONNET D'AUTOMNE

Le doux raisin n'est plus sous le pampre roussi :
Adieu, paniers ! partout les vendanges sont faites.
Adieu, longs jours d'été, vos lumineuses fêtes !
L'œil va s'emplir de brume, et l'âme de souci.

Les bois, dans l'or rouillé du feuillage éclairci,
Laissent voir de grands nids balancés à leurs faîtes.
Les corbeaux revenus succèdent, noirs prophètes,
Aux vols d'oiseaux frileux émigrant loin d'ici

Le soleil, comme brille un feu prêt à s'éteindre,
Compensant d'un éclat dernier sa chaleur moindre,
Plus sanglant que jamais empourpre l'horizon;

Et dans le vin nouveau dont s'emplit chaque tonne
Semble nager, confort de la froide saison,
Toute cette rougeur splendide de l'Automne!

DERNIER DIMANCHE DE SOLEIL

Dernier dimanche de soleil !
Dernière fugue à tire d'ailes
Vers Chatou, Sèvres ou Rueil...
Derniers repas sous les tonnelles !...

Douceurs dernières du ciel bleu
Qu'on regrette, sitôt enfuies...
— Allons, en route ! Encore un peu
De bon temps, vite, avant les pluies...

« Rions, chantons, extravaguons ! »
Semblent dire les jeunes couples,
Perchés sur le haut des wagons
Pris d'assaut par leurs jarrets souples.

Enlacés, la main dans la main,
Ils semblent, penchés sur la voie,
Aux buissons fuyants du chemin
Faire des largesses de joie.

Ah ! s'il n'était pas malséant
De s'embrasser devant le monde !
Mais, à point, le tunnel béant
Prête aux baisers sa nuit profonde :

Si brefs !... Le grand jour brusquement
Coupe leur douceur incomplète,
Et trahit madame, au moment
Qu'elle rajuste sa toilette.

NOVEMBRE

Couleurs tendres, adieu votre fin babillage !
Adieu, les tissus clairs ! Bonsoir, la nouveauté !
Phébus, chef de rayons de la saison d'été,
Remballe, il n'est que temps, tout son frais déballage !

Comme les lames des devantures de fer
Dérobent à nos yeux la montre printanière,
Sur les beaux jours baignés d'azur et de lumière
Descendent sans pitié les brumes de l'Hiver...

LE PREMIER FEU

Le vent fait : « Hoù ! » Paix, vieux hurleur !
Brr ! le jour est d'une couleur
    Triste et plombée :
Il fait froid, pas d'illusions !
Dis, petite, si nous faisions
    Une flambée !

Rien *qu'une chaude !* — c'est cela
Qu'on dit dans le monde à Zola, —
    Un jet de flamme

Dont la langue riche en carmins
Nous fasse, en nous léchant les mains,
    Dégeler l'âme !

Faute de bois et de charbon,
On peut brûler ce qui n'est bon
    Qu'à mettre en cendre :
Vieux calendriers, vieux papiers
Et chaise qui n'a que trois pieds,
    Il faut tout prendre !

Dans ce tiroir, que reste-t-il ?
Des bobines veuves de fil :
    C'est à merveille.
— Vois, il suffit pour égayer
La chambrette, que le foyer
    Rie et s'éveille.

Le *Petit Journal !*... Numéros
Lus en détail, brûlés en gros !
    Jette à brassée :
Et tant pis pour ce feuilleton
Que dévore ton œil glouton,
    LA MAIN GLACÉE !

Ce feu pour rire a très bon air.
Comme il se nourrit, rose et clair,
    De tes lectures !

Pour nous chauffer encore un peu,
Vite, il le faut, donnons au feu
    D'autres pâtures.

Plus rien?... Cherche encore, voyons!
Et tout là-haut, sur les rayons
    De cette armoire?
Ce tas de foin?... — « *Méchant moqueur,*
Me réponds-tu, monstre sans cœur
    Et sans mémoire! »

Pourquoi donc? — Ah! je me souviens...
Ces débris antédiluviens
    De paille sèche,
C'est le cher bouquet embaumé
Cueilli par nous un jour de Mai
    Dans l'herbe fraiche!

Brûler ce trésor? non, vraiment!
Mais voici, faute d'aliment,
    La flamme éteinte...
Bah! le dernier printemps en fleur
S'est ranimé dans la chaleur
    De notre étreinte!

SONNET D'HIVER

Traînant un long manteau d'hermine bien fourré,
Janvier, monarque antique à la barbe de neige,
S'avance bruyamment au milieu d'un cortège
De femmes et d'enfants dont il est adoré.

En vain les mécontents te savent mauvais gré
Des étrennes, impôt très vieux que rien n'allège :
La popularité reste ton privilège,
O Roi dont la couronne est de papier doré;

Soit qu'au flanc des gâteaux insérant une fève,
Tu te prêtes, pour rire, à la royauté brève
Dont s'égaye un instant le plus pauvre festin ;

Soit que ton échanson, l'empereur Charlemagne,
Verse aux bons écoliers, trop bourrés de latin,
Des flots quasi mousseux de simili-champagne.

CARNAVAL DES RUES

C'est *lui!* » Sur son passage accourt la foule agile.
— Non! celui qu'on attend ne paraît pas encor :
Sourd aux beuglements fous de la trompe d'argile,
Il résiste aux appels désespérés du cor.

« *Le voilà!* » Sans rien voir l'on hurle et l'on se pousse.
Les symboles païens s'enfoncent dans l'oubli :
Ce temps est loin, qui vit l'Amour avec sa trousse
Triompher sur le dos du Bœuf-gras aboli.

Carnaval, es-tu mort ?— Non, mais loin de nos brumes,
Où trottinent, crottés de la nuque à l'orteil,
Trois masques en maillot qui couvent d'affreux rhumes,
Le dieu se rapatrie aux pays du soleil.

Et sous les cieux cléments d'Espagne et d'Italie,
Où Février déjà rayonne doux et clair,
Il fait, comme un satyre en sa jeune folie,
Rire ses nudités joyeuses au grand air !

LE TUNNEL

Le Temps, vieux chauffeur aux bras noircis, mène
A travers les jours, les mois, les saisons,
Le convoi sans fin de la vie humaine...
Et, pour l'heure, adieu les clairs horizons!

Dans un paysage aux tons feuille-morte,
Qu'envahit déjà le soir solennel,
A toute vapeur le train nous emporte.
« Hou!... » voici le vent qui siffle au tunnel.

LE TUNNEL

Sous l'immensité des cieux disparue
Les nuages bas voûtent leur plafond,
Et le train lancé s'engouffre et se rue
Et roule, à grand bruit, dans le trou profond.

O succession de froides ténèbres,
Voyage où l'ennui qui ferme les yeux
Respire en bâillant des songes funèbres !
Soucis somnolents ! réveils soucieux !

A peine, tranchant sur le noir intense
Par leur éclair blême et précipité,
Si des soupiraux, percés à distance,
Tombent quelques jets de grise clarté.

Le plus patient se lamente et songe
A ce bon soleil, Dieu sait où parti.
L'affreuse longueur du chemin s'allonge
De tous les retards du train ralenti.

Des brumes toujours ! Aucune apparence
De voir se lasser l'Hiver éternel !
Et le pauvre monde est sans espérance
De sortir jamais du morne tunnel,

Lorsque enfin, perçant la poix des nuages,
Un flamboiment fauve et torrentiel
Rend à nos yeux, las des sombres voyages,
Le vert des forêts et le bleu du ciel.

Avec la clarté quels frissons de joie
Ont soudain couru tout le long du train !
Quels riants pays traverse la voie,
Et qu'il ferait bon de stopper un brin !

Mais sourd à nos vœux, grisé, j'imagine,
Au vif tourbillon de l'air lumineux;
Le Temps, vieux chauffeur droit sur la machine,
Repart d'un élan plus vertigineux.

Juillet 1883.

MÉDAILLONS

ET

SILHOUETTES DRAMATIQUES

AIMÉE DESCLÉE

Bouche spirituelle et grands yeux, longue et frêle
Sous les atours qu'élut son caprice mondain,
Elle parle : elle plait et fascine soudain,
Car la Parisienne idéale, c'est elle.

Frivole au jugement de madame Jourdain,
C'est *Froufrou!* l'élégance adorable et nouvelle,
Raffinement dernier de la Femme éternelle,
Qui fait prendre la vieille innocence en dédain.

— D'autres, à force d'art et d'étude attentive,
Sans trop lui froisser l'aile, ont pu fixer enfin
Par une épingle d'or la Grâce fugitive ;

Mais, sur ce front aimé, le papillon divin,
Dont nul doigt n'a terni l'éclat fait de parcelles,
A posé, frémissant et vivant, ses deux ailes...

A LÉONIDE LEBLANC

Pour revoir vos yeux sans rivaux
Et vous encadrer à ma guise,
Mon rêve vous replace, exquise,
Dans ce salon de Marivaux.

A l'esprit adorable et faux
De l'imbroglio qui déguise
Sous la soubrette la marquise,
Vous prêtiez des charmes nouveaux.

Grâce aimable, fierté craintive,
Vous aviez tout ce qui captive,
Et nul plus que moi n'envia

La livrée or sur amarante
De ce chimérique Dorante,
O Léonide-Silvia.

REMONTRANCE

A MADEMOISELLE CROIZETTE

REPRISE DU « SPHINX »

MADEMOISELLE, il vous sert mal,
Le Feuillet morose et mystique
Qui vous fit ce rôle anormal !
Vous n'avez rien d'un animal
Hiératique et granitique.

Un sphinx et vous, cela fait deux :
Les sphinx ont la face camuse
(Ce que Paris trouve hideux),
Et certes vous différez d'eux
Par ce nez fin qui nous amuse.

Et sans compter ce petit nez,
Dont l'aile vive se trémousse,
Est-ce des sphinx que vous tenez
L'ensemble des traits chiffonnés
Que nous nommons votre frimousse ?

Grimace exquise, rien de plus ;
Mais qui suffit pour vaincre et plaire,
Peinte par Duran Carolus,
Lorsque à cheval, bravant le flux,
Vous narguez l'Océan colère,

Et qu'à voir ce minois charmant,
Ces yeux, ces narines que plisse
Comme un gentil éternument,
L'Océan vaincu, tendrement,
Semble rugir : « Dieu vous bénisse ! »

— Mais s'il messied, le nom de sphinx,
A vos mines parisiennes,
Combien plus à votre larynx
Ces notes, que nulle syrinx
Ne reconnaîtrait comme siennes !

Quoi ! ces lèvres, fleur de fraisier,
S'ouvrent aux plaintes gutturales !
Le public peut s'extasier
A voir de ce jeune gosier
Jaillir des affres et des râles ?

Jusqu'à la laideur (but lointain!)
Votre habileté s'ingénie ;
Jusqu'à couvrir ce front mutin,
Frais comme la rose au matin,
Du masque affreux de l'agonie!

Cela, c'est trop! — L'art fait assez,
Donnant le souffle à Galatée,
Et non pas le râle... Laissez
Aux mourants, de sueurs glacés,
L'horreur suprême, enfant gâtée!

Trêve à ces « effets de poison! »
Nous ne voyons, tristes et blêmes,
Que trop de sphinx à l'horizon,
Camus, hélas! non sans raison :
Nez cassés sur de noirs problèmes...

Qu'ils gardent leur morne stupeur.
Vous, mademoiselle Croizette,
Renoncez à nous faire peur;
Et, jetant ce masque trompeur,
Oh! rendez-nous votre risette!

1878.

FRÉDÉRICK LEMAITRE

Nos aînés ont pu voir, au fort de la bataille
Romantique, flotter ton panache hautain,
Quand seul, sous des habits faits à ta seule taille,
Tu décidas souvent le triomphe incertain.

Moins heureux, Frédérick, nous voyons le soir triste
De ces jours éclatants où nous n'eûmes point part,
Vieil athlète vaincu par l'âge, en qui subsiste,
Pour tourmenter ta fin, le feu sacré de l'Art !

Riche de passion vibrante et d'ironie,
Ta voix ne gronde plus comme l'orage aux cieux;
Mais, pour juger l'essor ancien de ton génie,
Ton geste nous suffit, ou l'éclair de tes yeux.

Tel un aigle, dont les prunelles ennuyées
Fixent les noirs barreaux croisés autour de lui!
Vaine, niant l'essor des ailes repliées,
La foule se méprend à son morose ennui.

Mais soudain, ô prunelle inerte! tu t'allumes :
L'aile bat... Et, malgré le peu de champ fourni,
Chacun peut mesurer en ce frisson de plumes
L'envergure du vol qui tentait l'infini.

MÉLINGUE

Sarcey fleurit : les temps héroïques sont clos.
Hélas! « voici le temps pour les coquesigrues! »
Et vingt théâtres faits à l'image des rues
Déroulent sous nos yeux de cyniques tableaux.

Mais toi, comédien vaillant, tu fais revivre
Benvenuto, don Juan, Buridan, Salvator,
Et leur voix fière sonne, ainsi qu'un timbre d'or,
En mainte oreille faite au tintement du cuivre.

L'art que tu sais si bien de t'incarner en eux
Réveille en nous l'amour éteint de l'aventure.
O triomphe ! par toi la foule avare et dure
Se passionne pour les destins généreux !

Certes, quand, rejetant à deux mains ta crinière,
Tu te campes, le rire aux dents, la flamme aux yeux,
L'œil des femmes se trouble et ne te voit plus vieux...
— Mais ton suprême honneur et ta gloire dernière,

C'est lorsque maint crevé blême, maint juif goulu,
Maint greffier bilieux aux manches de lustrine,
Songe, tant ton grand geste élargit sa poitrine :
« Être un héros, voilà ce que j'aurais voulu ! »

ÉTRENNES A DAUBRAY

O fier Daubray! comédien
Court et trapu comme un athlète,
Pour terrasser le Spleen squelette,
Quel biceps égale le tien?

Cambre-toi! souris dans la gloire!...
Le boulet, hercule dodu,
Que tu lèves à bras tendu,
C'est le poids de notre humeur noire.

Et, rien qu'au son bref de ta voix
Frappant le mot comme une pièce,
Pouffent et craquent de liesse
Toutes les rates à la fois!

Bon compère! les bonnes fées
Qui te douèrent au berceau
Taillèrent large le trousseau
De tes formes bien étoffées.

Momus lui-même t'a donné
La rondeur ferme de ta joue,
Et ta lèvre où le rire joue,
Et ton œil émerillonné;

Et, pour que ton masque, qui crève
De bonne humeur et de santé,
Troublât dans sa fragilité
Le cœur charmant des filles d'Ève,

Le plus beau des dieux, Cupidon,
Le seul à qui tout rend hommage,
Forma ta bedaine à l'image
De son propre petit bedon.

SONNET A TRUFFIER

Pierrot, ton égal en pâleur,
Doit au clair de lune complice
L'inspiration sans malice
Des vers où chante sa douleur.

Mais jamais Phébé, cette fleur
Des nuits, n'ouvre son frais calice
Entre les portants de coulisse
Qui sont ta cage, oiseau siffleur...

— Cependant, point d'effet sans cause :
Si tu n'es pas bourré de prose
Et de raison comme un greffier,

Tête d'un rayon bleu férue,
C'est pour être né dans la rue
De la Lune, ô pâle Truffier !

1879.

RIMES FAMILIÈRES

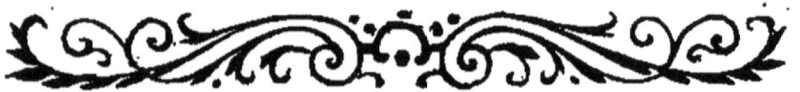

A UN AMI

Lorsque nous avions vingt ans tous les deux,
Te rappelles-tu quels naïfs nous fûmes?
Comme nous menaient tout droit vers les brumes,
Tenus pour soleils, des falots douteux?...

On nous vit bâiller, ravis et honteux,
Chapeau bas, l'hiver, au risque des rhumes,
Devant de vilains oiseaux, — mal en plumes,
N'ayant nul ramage, encore moins d'œufs.

Tout ce qui luisait nous fut or... Tel bonze
Creux, en plâtre peint, nous sonnait le bronze.
Mai nous semblait chaud... Nous avions vingt ans !

Immenses ratés, cocottes infimes,
Nous avalions tout : c'était le bon temps...
— Mérat, mon ami, quels gobeurs nous fîmes !

A UN AUTRE

Pauvre Céladon, qui convoles
En de justes noces, hélas!
Et qui tant de fois convolas
A d'autres hymens plus frivoles,

Pour tendre tes mains bénévoles
Aux fers dont on est si tôt las,
As-tu fait ton deuil des lilas,
Du caprice et des amours folles?

Ah! pour te sauver d'un sort tel,
Pour t'arrêter loin de l'autel,
Où d'un pas si prompt tu t'empresses,

Puisse le jaloux désespoir
Cramponner un tas de maîtresses
Aux deux pans de ton habit noir !

COIN DE TABLE

D'APRÈS LE TABLEAU DE H. FANTIN-LATOUR

La chère fut exquise et fort bien ordonnée. »
Digérer maintenant, voilà la question.
De là votre langueur suave et résignée,
O Sages, abîmés dans la digestion !

On a pris le café... C'est l'heure de paresse
Où, feignant d'écouter l'un d'eux qui lit des vers,
Les fumeurs accoudés, qu'un brouillard bleu caresse,
Regardent tournoyer leurs rêves au travers.

Les Grâces ont boudé ces fronts pleins de problèmes.
Le coin de table est gai pourtant, grâce aux couleurs
Des fleurs vives narguant ce tas de rimeurs blêmes.
— Monselet indulgent dirait : « Plumes et fleurs ! »

A PHILIPPE BURTY

SUR UNE SUITE DE COMPOSITIONS DE M. SOLON
SCULPTEUR A SÈVRES

Épris des anciens Grecs, jusqu'en l'Anthologie
Où la grâce d'un art moindre se réfugie,
Sur chaque émail, glacé de blancs et de bleus fins,
L'artiste a figuré des jeux d'enfants divins
Qui s'ébattent parmi les vierges ingénues.
L'œuvre palpite et vit. Qu'elles se montrent nues
Ou qu'autour d'elles flotte un voile de Milet,
Rien n'égale l'éclat de ces blancheurs de lait.
Grâce au relief, partout l'œil du désir profane
Suit la courbe du sein sous le lin diaphane;

Et partout les beaux flancs se dessinent aisés
Dans le contournement des poses. — Les baisers
Furtifs ont déjà mis aux lèvres des brûlures;
Les yeux ont dû pleurer; et dans les chevelures
On sent jouer le souffle inquiet des zéphyrs.

— Éternisés en tons de perle et de saphirs
Que la flamme fondit de sa puissante haleine,
Ces caprices légers sont une histoire pleine
De brusques trahisons et de retours moqueurs :
C'est la lutte cruelle et dure de nos cœurs,
Avec Éros, bourreau tour à tour et victime.

Or, lent à dérouler l'allégorie intime
En ces conceptions d'un ouvrier subtil,
Tâtonnant, et songeant : « Où donc ce sage a-t-il
Caché le fil ténu qui rattache ses trames ? »
J'ai composé pour vous ce bouquet d'*épigrammes*,
Heureux si j'eusse fait revivre en ce dernier
Reflet la grâce attique et le vers de Chénier !

1870.

PORTRAIT

A RAOUL GINESTE

Longue et menue, ainsi qu'une enfant délicate
De haute race, elle est attendrissante à voir
Dans le deuil élégant de son pelage noir,
Dont les dessous marrons réchauffent l'ombre mate.

Deux clartés d'or vivant, les grands yeux de ma Chatte !
Et sur sa gorge, pour en faire mieux valoir
La noirceur veloutée, un point de neige éclate :
Tel, un ordre royal que l'on porte en sautoir.

Son âme a la beauté changeante de sa robe.
Pâmée à la caresse, un seul bond l'y dérobe
Dès que tourne au dédain son caprice irrité...

Comme Ève, dont le cœur tient du tigre et de l'ange,
Apre et douce, en un juste et suave mélange,
Elle unit la tendresse à la férocité.

A FRÉDÉRIC RÉGAMEY

Sans doute, en mainte occasion,
Frédéric, nous collaborâmes ;
La sympathie unit nos âmes,
Ma plume est sœur de ton crayon.

Ta verve allume d'un rayon
La chromo-galère où tu rames.
Tu sais prendre en tes fines trames
Le caprice, ce papillon !...

Mais il sied de mettre en lumière
Surtout ta qualité première,
Celle par où tu me touchas :

Va, d'un plus beau nom tu te nommes
Que Mirabeau, l'ami des hommes,
O Régamey, l'ami des chats !

QUATRE RONDEAUX

I

JEAN AICARD

Écart soudain de pur sang qui s'épeure,
Virement fou de girouette au vent,
Approchent-ils du caprice vivant
Qui vient et part, boude et rit, chante et pleure,
Parfois aimable, et sauvage souvent?

Un vrai poète! Avec lui point de leurre:
Fils du Midi, son vers chaud et fervent
En sonne l'heure exacte et même l'heure
   Et quart.

Rhapsode, il va du ponant au levant ;
Mais vibre en lui la voix intérieure
D'une cigale, — et revoilà, devant
Le tiède azur qui baigne sa demeure,
Pour de longs jours taciturne et rêvant,
   Aicard.

II

A HENRI LIESSE

Lie, est-ce vrai qu'à défaut du remords
Tu sois au fond de la coupe vermeille
Où le vin rit, beau de pourpres et d'ors ?
— Non ! le buveur t'a laissée où tu dors
Bourbeuse et lourde : aux flancs de la bouteille.

Comme Vénus émergeant à mi-corps
Des flots charmés, — rose et toute pareille,
Du verre plein, n'est-ce pas toi qui sors,
   Liesse ?

Aux noirs sermons faisons la sourde oreille
Et versons-nous ce clairet à pleins bords ;
Rire entre amis, accoudés sous la treille,
Est un plaisir inconnu chez les morts...
Ayons l'humeur que votre nom conseille,
   Liesse !

III

TANCRÈDE MARTEL

Tancrède ! avec ce nom de paladin
Et le grand nom que celui-là précède,
Comment avoir l'œil terne et le sang tiède !
Comment ne pas tenir en grand dédain
La rime pauvre et la sottise laide !

C'est, sans souci du murmure mondain,
Pour l'idéal déclinant sans remède
Que l'on est prêt à tout donner soudain,
   Temps, cœur, aide !

Brave rimeur, sur les fronts du gandin,
Du cul-de-jatte et de maint lourd bipède
Pose ton pied léger de baladin,
Et que le feu de Saqui te possède
En ce métier qui n'est doux et badin
      Tant que raide!

IV

A GABRIEL VICAIRE

  Vicaire ignoré de l'Église!
Cousin de l'abbé Cupidon,
Qui fête d'un discret fredon
Le vin nouveau, Charlotte ou Lise,
Entre la poire et le bondon...

Connu pour vivre à l'abandon
Et digne en tout point qu'on l'élise
Chez le grand curé de Meudon
      Vicaire!

Ses vers et son col de chemise
N'ont point d'apprêt ni d'amidon...
Son nez seul se cardinalise...
Il n'a d'enflé que son bedon
Et reste, en dernière analyse,
   Vicaire.

ENVOI DE AVRIL, MAI, JUIN

A GABRIEL VICAIRE

Cet Avril, comme il est loin !
Ce Mai, quelle douceur brève !
Les songes que l'aube achève
Ont moins tôt fui que ce Juin.

Adieu les senteurs de foin,
Les chants d'oiseaux et la sève !
Au ciel gris de notre rêve
Plus de bleu qu'un petit coin !

— Un renouveau se dégage
De ces sonnets d'un autre âge,
Naïfs un peu, mais chantants,

Où, comme une fleur fanée,
Tient avec notre printemps
La jeunesse de l'année.

ENVOI D'UN LIVRE DE VERS

A GEORGES MOINEAUX

Le grand bruit que, sur des forges,
Fait Hugo, le maître altier,
N'empêche point son fruitier
D'être plein de rouges-gorges.

Que ne volez-vous, ô Georges !
Chez Banville et chez Gautier...
Car c'est là qu'un siècle entier
Vous pourriez faire vos orges !

Mais, fuyant ces régals fous,
La gourmandise est par vous
Crainte à l'égal d'un opprobre.

Prenez mon livre, comme il
Vous agrée; ô moineau sobre,
Savourez mon grain de mil.

1883.

A MONSIEUR COINDARD

SECRÉTAIRE GÉNÉRAL
DE LA COMPAGNIE DE L'OUEST

Pour fuir la Ville qu'incendie
L'été torride, l'an dernier,
Grâce à vous, j'eus l'heur de gagner
Une grève de Normandie.

Et là, devant la mer tiédie
Où la foule accourt se baigner,
A l'ombre, heureux et casanier,
Je fis des vers de comédie.

A vous, par qui j'ai pu saisir,
Loin de Paris, le frais loisir
Qui rend la fraîcheur aux idées,

Ces rimes où bruit souvent,
Comme aux coquilles évidées,
L'écho des vagues et du vent.

A MON AMI PAUL ARÈNE

POÈTE INÉDIT

Les trois coups sont frappés. Le lustre est radieux,
Le rideau monte, — et c'est ta pièce que l'on joue.
Le théâtre est petit, mais frais comme la joue
De Colombine, et plein d'azur comme ses yeux.

Voici maître Pierrot, le fat! qui fait la roue
Avec son sac d'écus sous le bras... — Père et vieux,
Cassandre goûte fort ce gendre sérieux;
Mais sa fille lui fait une adorable moue.

Là, Colombine ; ici, les écus : grand débat
Chez le blême amoureux ! — Il se grise ; on le bat.
Et, bref, il ressaisit sa guitare boudée...

— Ainsi, de leurs ébats tes fantoches vivants
Égayent mon cerveau, — scène aux tableaux mouvants
Où la Critique rit, malgré soi déridée.

RETOUR DE CHINE

A MON AMI JULES ARÈNE

I

O voyageur! quand tu partis
Pour l'Orient, imberbe et rose,
Tu nous quittas, joyeux sans cause,
Plein de rêves et d'appétits...

Quels espoirs sitôt démentis,
Jeune homme, t'ont fait si morose?
Serait-ce le mal, ta névrose,
Des enfants sevrés trop petits?

Il semble qu'avec la poussière
Des siècles, un doigt de sorcière
Marqua ton front désenchanté;

Et ta sagesse, j'imagine,
Atteint presque en sénilité
L'âge monstrueux de la Chine!

II

O chinoise félicité!
Tours de porcelaine en étages
Superposés jusqu'aux nuages;
Mandarins au chef long-natté;

Kiosques où l'on boit du thé;
Jardins menus aux fins treillages;
Bateaux de fleurs, dont les sillages
Parfument un fleuve argenté...

Hélas! tu changes, trop sincère,
En enfers de grise misère,
Lamentables et décevants,

Ces paradis aux couleurs vives,
Dont le fond bleu des paravents
Charma nos enfances naïves.

III

Quelques dégoûts, jusqu'à ce jour,
Que la philosophie amère
De tes souvenirs énumère,
Maint songe reste, et maint amour.

Après Pékin ou Visapour,
On peut, dans la vie éphémère,
Trouver encor quelque chimère
Dont nous n'ayons pas fait le tour...

Et, tiens ! je sais une contrée
Dont la laideur inexplorée
Nous permet des illusions :

Veux-tu qu'oubliant ta rancune
Contre la Chine, nous causions,
Tous deux, des choses de la Lune ?

TRIOLETS

ET

GAZETTES RIMÉES

NEUF TRIOLETS

I

GEORGE SAND

Un rossignol chanta, dit-on,
Sur sa tombe à peine scellée;
A l'aumônier donnant le ton,
Un rossignol chanta, dit-on :
Pour les bonnes gens du canton,
C'est l'âme qui prit sa volée...
Un rossignol chanta, dit-on,
Sur sa tombe à peine scellée.

II

UNE PARENTÉ QUI FAIT DU BRUIT

La fille d'Heindreich, B......er,
Fut la plus royale des pieuvres !
César aima, sans déroger,
La fille d'Heindreich, B......er.
Il la crut, ce prince léger,
Enceinte de ses... hautes œuvres !
La fille d'Heindreich, B......er,
Fut la plus royale des pieuvres.

III

DISTRIBUTION DES PRIX MONTYON

Doit-elle rougir, la Vertu,
Quand la baise au front et la rente
L'Institut tout de vert vêtu !
Doit-elle rougir, la Vertu !
— Chaste Suzanne, qu'en dis-tu ?
Deux vieillards, passe ! mais quarante !...
Doit-elle rougir, la Vertu
Qu'on baise au front et que l'on rente !

IV

LES NOUVELLES GUÊPES

Il vient de Nice, lourd et las,
Un essaim toutes les semaines.
Cet essaim ne vient pas d'Hellas :
Il vient de Nice, lourd et las.
Guêpes d'Aristophane, hélas !
Ce sont vos cousines... germaines...
Il vient de Nice, lourd et las,
Un essaim toutes les semaines.

V

L'ACADÉMICIEN BOISSIER

Ses bonbons sont un fin régal :
Mais écrire, est-ce bien son rôle ?
Meilleurs que son style frugal,
Ses bonbons sont un fin régal...
Siraudin, confiseur égal,
Me semble un auteur bien plus drôle !
Ses bonbons sont un fin régal :
Mais écrire, est-ce bien son rôle ?

VI

MONSIEUR CARO

Ce penseur gras et bien rasé
A su faire valoir ses titres :
Plus que monsieur Taine, a pesé
Ce penseur gras et bien rasé.
« *Encore un Caro de casé !* »
Dit Gavroche, casseur de vitres.
Ce penseur gras et bien rasé
A su faire valoir ses titres.

VII

MONSIEUR VITU ET MARIE TUDOR

Depuis que Vitu vit *Tudor*,
Il mord, déchire et vitupère
Ce beau style tout vêtu d'or,
Depuis que Vitu vit *Tudor*.
— Vieux romantisme, *proh pudor !*
De quels serpents te vis-tu père !
Depuis que Vitu vit *Tudor*,
Il mord, déchire et vitupère...

VIII

LA FRESQUE DE RAPHAËL

Pour deux cents petits mille francs
La Chambre nous paie une fresque.
Faut-il ouvrir des yeux tout grands
Pour deux cents petits mille francs?
Mais cette fresque, soyons francs,
Est-elle de Raphaël? — Presque.
Pour deux cents petits mille francs
La Chambre nous paie une fresque.

IX

1807

A Meissonier ce triolet,
Où peut tenir sa page épique.
Juste le cadre qu'il fallait
A Meissonier, ce triolet !
Puisque l'art, dans cette toile, est
Immense, mais microscopique,
A Meissonier ce triolet,
Où peut tenir sa page épique !

LA STIGMATISÉE BELGE

Dans les journaux des sacristains
Te voilà sainte, ma poulette !
J'en ai lu les détails certains
Dans les journaux des sacristains.
— Vieux miracles ! haillons reteints
Et rapiécés de la Salette...
Dans les journaux des sacristains
Te voilà sainte, ma poulette !

Ton corps élu par le Sauveur
Est décoré de saints stigmates ;
On exhibe à Venet rêveur
Ton corps élu par le Sauveur.
— N'eûtes-vous point d'autre faveur,
Seigneur ! pour ceux que vous aimâtes ?
Ton corps élu par le Sauveur
Est décoré de saints stigmates.

Monsieur Veuillot, les vendredis,
Se plait à voir saigner tes plaies :
Il sonde leurs trous agrandis,
Monsieur Veuillot, les vendredis.
— J'aimerais mieux voir, je le dis,
Saigner les mûres dans les haies...
Monsieur Veuillot, les vendredis,
Se plait à voir saigner tes plaies.

Le seul breuvage que tu bois,
C'est l'eau dont se lava le prêtre.
Comme il met l'athée aux abois,
Le seul breuvage que tu bois !
— La source où but l'oiseau des bois
Tenterait plus ma soif, peut-être...
Le seul breuvage que tu bois,
C'est l'eau dont se lava le prêtre.

Commère flamande, au travail,
Toi qui peux vivre, rire et plaire !
Va plutôt soigner le bétail.
Commère flamande, au travail !
Mange-moi ton pain frotté d'ail,
Fille belge ! et bois de l'eau claire.
Commère flamande, au travail,
Toi qui peux vivre, rire et plaire !

ENTRÉE DE MONSEIGNEUR

A MARSEILLE

De par la loi de Messidor,
Monseigneur voulait un carrosse
Tendu de soie et lamé d'or,
De par la loi de Messidor !
Avec tout un état-major,
Abbés, vicaires, porte-crosse,
De par la loi de Messidor,
Monseigneur voulait un carrosse.

Pour Monseigneur, c'était trop peu
Des cloches à toute volée
Carillonnant dans le ciel bleu ;
Pour Monseigneur, c'était trop peu !
Outre les orgues à plein jeu
Déployant leur voix ampoulée,
Pour Monseigneur, c'était trop peu
Des cloches à toute volée.

Monseigneur voulait des tambours
Pour faire à grand bruit son entrée...
L'État payant tous les débours,
Monseigneur voulait des tambours.
Fier d'ameuter ville et faubourgs
Autour de Sa Grandeur mitrée,
Monseigneur voulait des tambours
Pour faire à grand bruit son entrée.

Monseigneur voulait du canon,
Du vrai canon d'artillerie,
(Pour des canons d'Église, non !)
Monseigneur voulait du canon.
Pour qu'on entendît mieux son nom
Tonné par le bronze en furie,
Monseigneur voulait du canon,
Du vrai canon d'artillerie.

Monseigneur voulait des chevaux
Aux flancs battus par un grand sabre...
S'épuisant en désirs nouveaux,
Monseigneur voulait des chevaux.
Pour contenir les non dévots
Avec leur poitrail qui se cabre,
Monseigneur voulait des chevaux
Aux flancs battus par un grand sabre...

Pour en vouloir trop, Monseigneur
A dû se contenter... d'un fiacre !
Que l'on perd de pompe et d'honneur,
Pour en vouloir trop, Monseigneur !
De l'humilité — sans bonheur —
Il a savouré le goût âcre...
Pour en vouloir trop, Monseigneur
A dû se contenter d'un fiacre !

ALLEZ, LA MUSIQUE !

> « Les poètes peuvent continuer
> à faire de la musique pendant que
> nous travaillerons... »
>
> (ÉM. ZOLA, *Lettre à la Jeunesse.*)

Zola fait son œuvre : *Nana,*
Et va, sans que le cœur lui faille,
Feuilletant le M...elliana !
Zola fait son œuvre : *Nana.*
De conscience, nul n'en a
Plus que Zola, quand il travaille.
Zola fait son œuvre : *Nana,*
Et va, sans que le cœur lui faille.

Il poursuit, le front dans ses mains,
La « grande enquête universelle »
Commencée avant les Romains.
Il poursuit, le front dans ses mains...
L'amas des « documents humains »
Charge sa table qui chancelle.
Il poursuit, le front dans ses mains,
La « grande enquête universelle. »

Un homme est entré dans la cour.
Quoi ! jusque chez Lui, ces poètes
Braveront le Balzac du jour !
Un homme est entré dans la cour.
Le portier gueule sans détour :
« Détalez, feignant que vous êtes ! »
Un homme est entré dans la cour.
Quoi ! jusque chez Lui, ces poètes...

Zola se lève dédaigneux
Et jette un sou par la fenêtre
Dans le chapeau du pauvre vieux.
Zola se lève dédaigneux.
Le pipelet, levant les yeux,
Reste court à la voix du Maître.
Zola se lève dédaigneux
Et jette un sou par la fenêtre.

« Ce bruit ne me gêne pas, non !
Laissez moudre ce joueur d'orgue,
Que Dante ou Hugo soit son nom.
Ce bruit ne me gêne pas, non !
J'écrirais au son du canon, »
Dit Zola, grand homme sans morgue.
« Ce bruit ne me gêne pas, non !
Laissez moudre ce joueur d'orgue. »

O Naturalisme, merci
D'alléger notre sort néfaste !
Notre ciel noir s'est éclairci.
O Naturalisme, merci !
Chanter sera moins amer, si
Nos chants bercent ton labeur vaste !
O Naturalisme, merci
D'alléger notre sort néfaste !

LA GAZETTE AUX BOIS

Puisque tout journal du turf ou des eaux
A ses reporters, Petits-Poucets aux
   Bottes de sept lieues,
Le nôtre a voulu, non moins informé,
Savoir quel peut être, au doux mois de Mai,
   L'aspect des banlieues.

Donc, prenant exprès des sentiers étroits,
Nous sommes allés, la Muse et nous trois,
   Rimeurs d'amusette,

Las de politique et de faits-Paris,
Dans les taillis verts et les prés fleuris
      Cueillir la gazette.

Cependant que nous nommions Barodet,
Le Printemps, déjà, tout là-bas rôdait
      Aux champs qu'il parfume...
— Tu nous as chanté ton plus beau trille, ô
Rossignol charmé de notre trio
      Qui flâne et qui fume!

Le ciel menaçait, la brise souffla
Parfois un peu dur, mais ce n'est pas là
      Ce qui nous arrête;
Si le vent faisait tomber notre feu,
Un peu d'amadou ressuscitait feu
      Notre cigarette.

Au hasard courant le long des sentiers
Que bordent les houx et les églantiers,
      Écartant les branches,
Nous découvrions un petit chemin,
Puis maint potager grand comme la main,
      Entouré de planches.

Près de Bellevue, en un coin charmant,
Nous fûmes toisés dédaigneusement
      Pas deux herboristes

Brisant sans pudeur de pauvres gramens,
Auxquels ils donnaient, pour leurs examens,
    De gros surnoms tristes.

Au nez du rentier soupçonneux et mûr,
Nous avons, courbant par-dessus *son* mur
    La branche saisie,
Respiré, pris même, en plus d'un endroit,
Une grappe ou deux de lilas, du droit
    De la poésie !

— Puis ce fut charmant de faire un arrêt
Aux tables de bois du vieux cabaret
    Qui rit sous les treilles,
Où, sur le mur blanc, on voit qu'un rapin
A charbonné, non sans chic, un lapin
    Très riche d'oreilles !

Nous avons rimé sans effort ces vers,
Couchés, regardant la feuille à l'envers,
    Au pied d'un grand chêne.
Un bourgeois passait, obèse et joyeux,
A qui faisaient vite ouvrir de gros yeux
    Nos poses sans gêne.

Mais ce Philistin tout seul s'offusquait ;
Car sa fille, exquise, avec un bouquet
    D'iris bleus et jaunes,

Nous avait souri, souri bel et bien,
Comme souriaient, en un bois païen,
    Les nymphes aux faunes !

Bref, malgré les fleurs, malgré les chansons
Des petits oiseaux, malgré les buissons
    Nous tirant la manche,
Il fallut partir ! — Et voilà comment
S'écoula, rapide ainsi qu'un moment,
    Tout ce beau dimanche...

C'est ainsi que nous, amants des neuf sœurs,
Nous avons aussi connu tes douceurs,
    Villégiature !
— *O rus!...* Nous avions oublié Feuillet ;
Et Sarcey, de son absence, égayait
    La belle nature !

UN DESSIN DE GILL

Puisque Avril, toussant comme un vieux,
S'accorde, en ces jours pluvieux,
A la maussaderie humaine,
Je veux, sachant le rire sain,
Redemander à ce dessin
La gaité de l'autre semaine...

— Le comique en est fait de peu :
Pour décor, le profond ciel bleu
Sur le frisson des vagues vertes;

Et pour acteurs, soyons précis,
Une, deux, trois, quatre, cinq, six
Paires d'ailes grandes ouvertes.

Un par un, les légers oiseaux
Vont au-dessus des vastes eaux
En file perpendiculaire,
Et leur vol monte, droit et sûr,
Où ? Dans l'air libre, dans l'azur
Qu'un soleil radieux éclaire !

Où vont-ils, et d'où viennent-ils ?
Qu'importe ! Loin des rets subtils,
Hors de toute poursuite humaine,
Ivres d'essor, insoucieux
De la vastitude des cieux,
Ils vont où le bon vent les mène !

— Pourquoi ce croquis innocent
Fait aux lèvres de tout passant
Éclore une hilarité sûre ?
C'est qu'une aile qui bat au vent
Réjouirait tout œil vivant,
Excepté l'œil de la Censure.

Triste et mesurant ses ciseaux,
La Censure voit ces oiseaux
Dont les plumes sont hors d'atteinte ;

Et son aspect désappointé
Ajoute aux éclats de gaité
Folle, dont l'oreille lui tinte.

— Et quel est ce grave témoin
Que Gill fait pouffer dans un coin ?
C'est le Soleil qui s'émerveille
Et rit, à voir ces voyageurs,
Tant, que de nouvelles rougeurs
Empourprent sa face vermeille.

Ils lui plaisent à voir, c'est clair :
Car à l'aile il faut le plein air
Comme l'eau vive à la nageoire ;
Et dans son lumineux esprit,
Le Soleil, qui sait cela, rit
A s'en décrocher la mâchoire.

Et toi, bon Gill, qui par l'abus
Des cheveux rappelles Phébus,
La même gaité te dilate ;
Et je te vois qui, loin des yeux,
Ris d'un rire silencieux
Comme ce Soleil écarlate !

LE MIROIR DE SARCEY

Seul dans sa chambre, Sarcey rêve.
— Seul ? Non : les Grâces et les Ris
En tous lieux entourent sans trêve
Ce Parisien de Paris.

Recueilli, le critique austère
Est assis devant sa psyché.
Deux Amours venus de Cythère
Soutiennent le miroir penché.

Des billets doux qui fleurent l'ambre
Et mille tendres ex-voto
Jonchent le parquet de la chambre :
Fête galante pour Watteau.

Voyant devant lui la figure
Notoire d'un homme d'esprit,
Sarcey sourit comme un augure
A son reflet qui lui sourit.

Il songe, les mains sur son ventre :
« Toutes !... à toutes même sort !
On me dit « monsieur ! » quand on entre,
Et « Francisque ! » lorsque l'on sort...

« Certes, cette face charmante
Eût fait paraître malvenus
Tous les Adonis d'Érymanthe
A la belle dame Vénus. »

Mais voici qu'en personne mûre
Et prudente, d'un ton fâché,
Sa conscience lui murmure :
« Être si beau, c'est un péché ! »

— « Non, ma chère, dit à voix haute
Sarcey, le raisonneur profond,
Sum qui sum. Ce n'est point ma faute,
Et les dieux savent ce qu'ils font.

« Cette beauté dont tu t'indignes
Me vaut d'écrire sainement.
La rectitude de mes lignes
Fait celle de mon jugement.

« Songe à ce pauvre Sainte-Beuve :
Je retrouve dans ses écrits
L'amertume où le sort abreuve
Les gens par la laideur aigris.

« Infortuné Joseph Delorme!
Le ciel, par un méchant labeur,
Le fit naître à ce point difforme
Que les femmes en avaient peur.

« L'aspect de sa calotte ronde
Leur causait un pénible émoi.
Je le plains!... Hélas! tout le monde
Ne peut être fait comme moi.

« C'est pourquoi, critique modeste,
Je ne tire point vanité
Du bon sens merveilleux qu'atteste
Mon style plein d'urbanité.

« Je sais le noir chagrin qu'endure
Cochinat dans sa noire peau;
Et je rends grâce à la nature
Qui m'a fait bon, me faisant beau. »

LES ABEILLES DU LUXEMBOURG

« Ailes d'or et flèches de flamme! »
V. Hugo.

Loin de l'Hybla, loin de l'Hymette,
Dans un pâle décor, hélas!
Où, quelques fleurs que l'on y mette,
Manque toujours l'azur d'Hellas;

Dans la « nouvelle Pépinière »
Dont le nom fait, non sans parfums,
Vivre la mémoire dernière
Des pauvres parterres défunts,

Un peuple exotique d'abeilles,
Acclimaté sous notre ciel,
Maintient pure, en ses doctes veilles,
La tradition du bon miel.

Si le Luxembourg, que démembre
L'attentat des maçons hardis,
N'a plus pour ces buveuses d'ambre
Les grands espaces de jadis,

Ce coin sauvé de la bâtisse
Réserve à leurs goûts familiers,
Du moins, une idylle factice
De pelouses et d'espaliers...

Un pavillon, qui s'oriente
Au levant, loge leur travail
En ses murs de teinte riante,
Rouge de brique et bleu d'émail :

L'essaim des ruches abritées
De là prend son vol, à l'entour
Des deux terrasses supportées
Par des colonnettes à jour,

Ayant, quand le profond feuillage
Jette son ombre au vert gazon,
L'illusion d'un paysage
Presque, et presque d'un horizon...

Si bien que cette perspective
Aimable et reposante aux yeux
Arrête au passage et captive
Souvent le poète envieux,

Qui songe : « Abeilles fortunées !
Plût aux dieux qu'on nous décrétât
Les confortables Prytanées
Où l'art rêve, aux frais de l'État ! »

*
* *

Mais vous ne rêvez point, abeilles !
Et Flore, ici, gratuitement
Ne vous offre pas ses corbeilles :
Vous êtes « de l'enseignement. »

Le professeur d'*apiculture*
Voit — savant aux aperçus courts —
En vous, filles de la nature,
Les préparatrices du cours !

Émules du Conservatoire,
Il faut que vous exécutiez
Le miel devant un auditoire
Composé surtout de rentiers ;

Et ces gens à qui le Grand-Livre
Sur le tard a fait des loisirs,
A vous voir travailler pour vivre
Prennent d'égoïstes plaisirs !

D'ailleurs, abeilles méritantes,
Membres d'une ruche-institut,
Au fond vous n'êtes point pédantes :
Votre savoir toujours se tut.

Vous laissez, gardant la pratique,
La théorie au professeur ;
Et, pour être un peu didactique,
Votre miel n'est pas sans douceur !

*
* *

Abeilles de Paris frivole,
Qu'importent vos « produits ! » — En vous
Saluons plutôt le symbole
De l'esprit ailé, fier et doux.

Pour la grande ville sceptique
Et républicaine, restez
L'emblème de la grâce attique,
Inconnue à d'autres cités.

Dans le grand soleil des allées,
En Floréal, en Thermidor,
Mettez, librement envolées,
Le dard de flamme et l'aile d'or.

Aux massifs, dans les plates-bandes
Qui luttent de vives couleurs,
Pillez, ouvrières gourmandes,
Le suc délicieux des fleurs ;

Et s'il arrivait, trop alertes,
Que votre ardeur vous entrainât
Jusqu'aux fenêtres entr'ouvertes
De votre voisin le Sénat,

Toutes, sans scrupule ni crainte,
Comme un rayon dans les brouillards,
Violez, abeilles ! l'enceinte
Où délibèrent ces vieillards :

Si loin de nous que soient les âges
Où, vibrant d'extase, dit-on,
Vous voliez aux lèvres des sages
Harmonieux comme Platon,

Le miel que votre instinct devine
Peut abonder comme un trésor,
Là, sur quelque bouche divine
Où vous butinerez encor ;

Et, si tous ne sont des Homères,
Laissez, en bourdonnant là-haut,
Votre baume aux lèvres amères
Où toute grâce fait défaut.

POÉSIES DIVERSES

ENVOI DE L'INTERMEZZO

A PHILIPPE BURTY

Dans le parc enchanté de Heine
Brillent les étoiles de feu :
L'amour y chante avec la haine,
L'oiseau noir après l'oiseau bleu...

Nous nous sommes tus pour entendre
Le doux rossignol éperdu...
Mais du concert cruel et tendre
Le meilleur sans doute est perdu.

Avions-nous conçu la chimère,
En un soir ténébreux et vain,
De retenir la grâce amère
Et l'art du poème divin ?

Rêve absurde, chimère folle !
Mais, ô délicat et demi,
Allez donc, quand la lune molle
Caresse le parc endormi,

Lorsque glissent des blancheurs pâles
Parmi le feuillage tremblant,
Emplir de ces vagues opales
Votre coupe de jade blanc !

APRÈS UNE LECTURE

En quelque idéal fier que l'esprit se clôture,
Étroitesse, après tout! que de fermer les yeux
A tout ce qui n'est pas, dans l'immense nature,
Aussi pur que l'eau vive ou que l'azur des cieux;

A tout ce qui n'est pas, dans l'homme ou dans les choses,
La suprême harmonie ou le parfait contour,
L'éclat de la jeunesse ou la fraicheur des roses,
La vertu rayonnante ou la splendeur du jour.

Cet art d'élection ne sied qu'aux tendres âmes,
Et, certes, le respect des faiblesses défend
Que la vie, aperçue en ses laideurs infâmes,
N'alarme un cœur de vierge ou des regards d'enfant...

Mais par le bord du gouffre attiré, quoi qu'il fasse,
Le sage, le songeur qu'un vaste souci mord,
Souvent et longuement regarde face à face
L'abjection, le crime, et la honte et la mort.

Sur les fanges sans nom, sur les ombres peu sûres,
Penché, comme un savant jamais las d'épier
Le prisme nuancé des vives moisissures,
Et qui connait à fond la flore du bourbier,

Non sans trouble, non sans vertige et sans nausées,
Il ose, dans l'horreur du bouge et du caveau,
Affronter le ferment des chairs décomposées
D'où jaillira la vie en quelque renouveau...

Heureux, lorsque le temps, gros de métamorphoses,
Lui permet de saisir en leurs secrets accords
Vos étranges splendeurs, ô floraisons écloses
De la corruption des âmes et des corps !

LE TOMBEAU

DE THÉOPHILE GAUTIER

Comme un roi d'Orient, grave, dès le matin
De son avènement, songe à la sépulture
Et fait, par des milliers de sujets qu'il torture,
Dresser dans l'air torride un monument hautain,

Le poëte, artisan d'un plus royal destin,
Dès l'aube s'assurant contre la nuit future,
Longtemps dompta le rythme; et sa volonté dure
Ploya les mots ainsi qu'un grand peuple mutin.

Maintenant que ses yeux sont clos à la lumière,
Son âme a retrouvé la fête coutumière
Des midis aveuglants et du grand jour vermeil.

Échappée aux caveaux où pleure l'ombre humide,
Elle habite à jamais son œuvre, pyramide
Blanche parmi l'azur inondé de soleil.

BERLIOZ

A FANTIN LATOUR *

Sur la tombe où tu viens, Muse de l'harmonie,
Pleurer, vois : consolant ta muette langueur,
Un groupe lumineux chante et rayonne, un chœur
Fait des créations vivantes du génie !...

C'est Didon, soupirant sa jalouse agonie ;
Marguerite, l'enfance adorable du cœur ;
Juliette, jetée aux bras de son vainqueur
Par le premier amour plein d'extase infinie...

---

* Auteur du beau tableau intitulé : *L'Anniversaire de Berlioz*.

La froide Mort a pris le fils d'Orphée en vain !
— Le bon peintre, dévot au maëstro divin,
S'isole, au premier plan, dans une pose austère ;

Et cette vision, ce rêve glorieux
Du triomphe posthume, emplit l'âme et les yeux
Pensivement baissés du pieux donataire.

A VICTOR HUGO

L'HISTOIRE D'UN CRIME

PAR L'AUTEUR DES *Châtiments.*

« *Teste David cum Sibylla...* »

Le poëte parfois, fort de sa haine ardente,
Apparaît aux méchants comme un juge irrité
Qui les plonge, vivants, au gouffre mérité
Des enfers allumés par Virgile ou par Dante.

Et parfois, refrénant la colère grondante,
Contre eux, au tribunal de la postérité,
Il dépose, gravant la dure vérité
Sur un bronze où le croc des vipères s'édente !

Les Prophètes ainsi, fatidiques « témoins, »
Laissaient le peuple juge, et n'en cinglaient pas moins
Au front du crime heureux leur verbe indélébile.

C'est ainsi qu'à l'appui du dernier jugement,
Résonnent dans un bruit de tonnerre alarmant
Ces deux noms invoqués : David et la Sibylle!

AUX DRAPEAUX DE 1880

Enfin ! après la longue épreuve
Où la France eut pour seul orgueil
De dérober, comme une veuve,
Son front sous des voiles de deuil !

Après le recueillement sombre
De la déroute, reformant
Jour par jour, un par un, — dans l'ombre
Et sans bruit, — chaque régiment ;

Après cette lourde contrainte
Où, quoi qu'on ait de rage au cœur,
Chacun doit parler bas, de crainte
De donner l'éveil au vainqueur...

Après les efforts sans relâche,
Les obscurs labeurs incessants,
Où les plus âpres à la tâche
Rêvaient aux étendards absents,

C'est vous notre fierté première,
Drapeaux ! qu'enfin nous revoyons
Palpiter, en pleine lumière,
Sur la marche des bataillons ;

Et le grand soleil, où se joue
Librement votre essor joyeux,
Allume une flamme à la joue
Des plus jeunes et des plus vieux.

— O drapeaux flottants, dont la soie
Brillante et neuve, sur nos fronts,
Encore vierge, se déploie :
Vierge de gloires et d'affronts !

Vous dont une brise opportune
Gonfle les pennons envolés,
Oh ! quelle est-elle, la fortune
Que dans vos plis vous recélez ?

Nul ne le sait... — Mais pour la France,
Vivante après de tels malheurs,
Les cœurs s'emplissent d'espérance,
A vous voir, et les yeux de pleurs...

C'est que — change ou non le caprice
Des dieux jaloux, des noirs destins —
Désormais la sainte Justice
Combat sous vos signes hautains;

C'est que, sous votre ombre mouvante
Abritant sa mâle beauté
Dont l'ennemi seul s'épouvante,
Accourt la jeune Liberté;

C'est que, pour lui faire cortège,
On voit, confondus dans le rang,
Marcher, sans choix ni privilège,
Tous les frères du même sang,

Et que, si, debout et guérie,
L'offensent de mortels défis,
Désormais la Mère-Patrie
Pourra compter sur tous ses fils !

— Gloire cruelle des conquêtes,
Invasions aux noirs reflux,
Victoires grosses de défaites,
Hélas ! la France n'en veut plus...

Mais tant que la frontière ouverte
Livre son flanc, — même au repos,
L'émoi d'une éternelle alerte
Vous fera frémir, ô drapeaux !

Vienne la délivrance entière !
Puissent, par un soudain retour,
Sur l'antique et juste frontière
Vos hampes se planter un jour !

Et, bravant de vos fers de lance
Les foudres vaines, — vous serez
Invincibles pour la défense
Du sol et des tombeaux sacrés !

LA JEUNE FRANCE

On vit, quand le doux ciel de France
Fut par la tempête obscurci,
Ramper, traînant un lourd souci,
Toute « chose ailée, » ô souffrance !

Plus d'essor, plus de délivrance
Lorsque l'aile est coupée : ainsi
Gisaient, mutilés sans merci,
L'art, et la joie, et l'espérance.

Mais enfin l'horizon plus sûr
Les invite à tenter l'azur,
De leur plume renouvelée ;

Et, chère France ! tu souris,
Fière de donner la volée
A l'essaim des jeunes esprits.

LE RENOUVEAU

FÉERIE

PERSONNAGES

LE MARQUIS DE CARABAS.
GÉRONTE, financier.
PANCRACE, académicien.
MADAME PERNELLE.
LA BARONNE.
MADEMOISELLE MAYEUX.
GLORIANTE, riche héritière.
ISABELLE, 15 ans.
LUCINDE, comédienne.
JACQUES, peintre, amant d'Isabelle.
LÉANDRE, poëte, amant de Lucinde.
HORACE, joueur décavé, amant de Gloriante.
LE NOTAIRE.
Un Petit Clerc (travesti).
FLORINE, bouquetière.
Un Chanteur des rues (travesti).

Décors et costumes Louis XV.

LE RENOUVEAU

PREMIER TABLEAU

Une antique étude de notaire. A droite du spectateur, une cheminée avec un grand feu. A gauche un bureau chargé de paperasses, que domine un énorme registre à fiches. Au fond, du même côté, porte latérale, deux grandes fenêtres, fermées ; dans l'intervalle des fenêtres, porte donnant sur la rue. D'un côté de la porte, un gigantesque baromètre à capuchon (le capuchon de l'ermite est rabattu) ; de l'autre, un thermomètre de même dimension. Derrière le bureau, un grand casier plein de cartons verts et de registres poudreux. Sur les murs, quatre grands paysages du genre suivant : Les glaces du pôle. — Effet de neige. — Traîneau poursuivi par des loups. — Chaloupe attaquée par des ours blancs.

Quelque part, un très visible calendrier.

Des rangs de banquettes sont disposés devant le bureau du tabellion.

SCÈNE PREMIÈRE

LE MARQUIS DE CARABAS, GÉRONTE, PANCRACE, MADAME PERNELLE, LE BARON, MADEMOISELLE MAYEUX, LE PETIT CLERC. *(Au lever du rideau, les personnages sont autour du feu, les uns assis, les autres debout. Le Petit Clerc, assis à une table isolée, feint de tailler un crayon et les regarde sournoisement à la dérobée.)*

LE MARQUIS DE CARABAS.

Temps de chien !

GÉRONTE.

Froid de loup !

MADEMOISELLE MAYEUX.

Neige, vent, pluie et bru
On n'en voit pas la fin !

LE MARQUIS, *toussant.*

Heu!... heu!... Satané rhume!
Jadis, l'hiver était plus court et plus clément.

GÉRONTE, *montrant les objets dont il parle.*

Le thermomètre, ou bien le calendrier, ment.
Quand celui-ci dit *Mars,* l'autre accuse *Décembre.*

PANCRACE.

Monsieur, le corps savant dont j'ai l'heur d'être membre
Impute la rigueur croissante des saisons
Au refroidissement du globe...

LE MARQUIS, *tisonnant.*

Ces tisons
Brûlent mal...

Au Petit Clerc.

Du bois, drôle, et que le feu pétille...

Le Petit Clerc obéit en maugréant.

LA BARONNE, *soupirant, à Pancrace.*

La science dit vrai : quand j'étais jeune fille,
Je n'avais jamais froid!

PANCRACE.

Oui, des calculs certains

Expliquent depuis peu par les volcans éteints
Ce marasme incurable où languit la nature,
En qui le feu central se meurt...

LE PETIT CLERC, *à demi-voix, haussant les épaules.*

Quelle imposture !
Les pauvres vieux, c'est eux que l'âge a refroidis...

LE MARQUIS.

Que marmotte ce clerc ?... Hein, qu'est-ce que tu dis ?

LE PETIT CLERC.

Moi ? rien.

LE MARQUIS.

Me rit-il pas au nez, ce drôle imberbe !
Va dire à ton patron, tabellion en herbe,
Qu'il se fait trop attendre...

LE PETIT CLERC, *avec l'emphase professionnelle.*

Un moment, s'il vous plaît,
Monsieur ! la compagnie est loin d'être au complet ;
Et nous avons besoin, pour notre ministère,
De tous les « *comparants par-devant nous, notaire...* »

MADEMOISELLE MAYEUX, *aux trois hommes,*
aigrement.

Vos belles tardent bien, au fait !

LE MARQUIS, *aux trois dames, de même.*

        Vos jeunes gens
Devraient être arrivés... Ils sont peu diligents.

    LA BARONNE, *à Pancrace.*

Ah! monsieur! la jeunesse, autrefois si polie,
Dégénère!...

    PANCRACE, *à la Baronne.*

  J'y songe avec mélancolie!

    LE PETIT CLERC, *à part.*

Dame! les jeunes sont moins pressés que les vieux
Pour ce qu'ils ont à faire ici...

    LE MARQUIS.

        L'on valait mieux
Autrefois...

  Entrent Horace, Léandre et Jacques.

SCÈNE II

Les Précédents, HORACE, LÉANDRE, JACQUES, *mouillés et grelottants.*

LA BARONNE, *qui les a vus entrer la première.*

Ah ! voici Léandre avec Horace
Et Jacques... Près du feu, Léandre, prenez place !

MADEMOISELLE MAYEUX, *s'apitoyant.*

Ils sont tout blancs de neige !

MADAME PERNELLE, *de même.*

Ils ont l'air tout transi !
Approchez donc, messieurs !

LÉANDRE, *après avoir consulté ses compagnons du regard.*

Mesdames, grand merci !
C'est assez de vos yeux, sans l'ardeur de la braise,
Pour réchauffer le corps avec l'âme.

LA BARONNE.

A votre aise, Petit flatteur !

Entrent Gloriante, Lucinde et Isabelle.

SCÈNE III

Les Précédents, GLORIANTE, LUCINDE, ISABELLE.

PANCRACE, *vivement.*

Enfin, ce sont elles !... Bonjour, Lucinde ! Vous avez bien tardé, mon amour...

LUCINDE, *négligemment.*

De graves contre-temps... Mon coiffeur...

LE MARQUIS, *à Gloriante.*

Gloriante !

L'honneur qui vous échoit d'une union brillante
Valait bien un peu plus de hâte...

GLORIANTE, *très dédaigneuse.*

Cher marquis,
Servante au marquisat trop chèrement acquis,
Si c'est d'un ton pareil...

LE MARQUIS, *vexé, s'inclinant et lui baisant la main.*

Paix là, belle intraitable !

GÉRONTE, *à Isabelle, voulant l'embrasser.*

Notre contrat est prêt, le voici sur la table :
Un baiser !...

ISABELLE, *se dérobant.*

Bon pour vous d'escompter l'avenir !

LE MARQUIS, *au Petit Clerc.*

Eh bien, nous voici tous : ton patron peut venir.
Va le chercher !

LE PETIT CLERC.

J'y vais.

Il sort.

SCÈNE IV

Les Mêmes, *moins le Petit Clerc.*

JACQUES, *à mi-voix, montrant Lucinde.*

      Dites un peu, Léandre !
Cette petite blonde aux yeux de saphir tendre,
N'est-ce pas votre amour de l'an dernier ?

LÉANDRE, *lui touchant le bras, vivement.*

        Plus bas !

Avec une certaine indifférence.

Rêve oublié... Le mieux est de n'y songer pas.
C'est Lucinde ; ce fut pour moi l'extase brève
Qu'un printemps voit éclore et que l'automne achève.

JACQUES.

Qui vous a séparés ?

LÉANDRE.

    La misère, parbleu !

Elle eut peur de l'hiver dans son taudis sans feu ;
Et moi-même, ennuyé de battre la semelle
Sous les toits, ayant faim, ma foi..., j'ai fait comme elle.

JACQUES, *regardant Isabelle.*

C'est mon histoire aussi...

LUCINDE, *à Isabelle, montrant Jacques.*

      Ne vois-je pas quelqu'un
Qui soupirait pour toi, l'an passé ? — Là..., ce brun...

ISABELLE, *d'un ton assez détaché.*

Oui..., nous fûmes voisins tout l'été... Ce jeune homme
Est un peintre... Comment est-ce donc qu'il se nomme ?
Jacques, je crois... Il a commencé mon portrait...
Un brave garçon, pauvre et fier, qui m'adorait,
Et que j'aurais fini par aimer..., quand ma mère
Est morte. Seule alors dans ma détresse amère,
J'ai dû vivre chez mon vieux tuteur,

      Montrant Géronte.

      que voici,
Dans un autre quartier.

LUCINDE, *regardant Léandre.*

      Ton histoire est aussi
La mienne, ou peu s'en faut...

Entre le Petit Clerc, précédant le Notaire.

SCÈNE V

LES PRÉCÉDENTS, LE PETIT CLERC, LE NOTAIRE.

LE PETIT CLERC, *entrant le premier.*

Le patron ! Prenez place, Mesdames et messieurs !

Grand remue-ménage dans l'assistance ; les groupes se séparent et vont s'asseoir par couples sur les banquettes disposées en deux rangs : savoir, à droite, le Marquis de Carabas et Gloriante, Pancrace et Lucinde, Géronte et Isabelle ; — à gauche, Léandre et la Baronne, Jacques et Madame Pernelle, Horace et Mademoiselle Mayeux. A l'entrée du Notaire, échange de saluts cérémonieux entre lui et l'assistance ; ledit Notaire est un grand vieux, propre, froid et sec, avec une perruque poudrée à frimas. — Il prend place à son bureau, assujettit ses bésicles et remue un moment ses paperasses avant de parler.

LÉANDRE.

Il souffle un vent de glace

Par la porte restée ouverte sur ses pas...
Petit, va la fermer!

LE MARQUIS.

Ce feu ne flambe pas!
On gèle!

LUCINDE.

Le grillon, qui dans la cheminée
Chantait si clair, s'est tu.

GLORIANTE.

La triste matinée!
Comme il fait sombre!

LE NOTAIRE, *frappant sur la table avec son couteau
de bois pour faire taire les bavardages.*

Chut!

Au Petit Clerc qui parle bas d'un air mécontent.

Toi, drôle, dans ton coin!

*Aux assistants d'une voix d'abord basse et entrecoupée qui
devient par degré forte et sonore.*

Chères clientes et chers clients! j'ai besoin
De votre attention, j'ose le dire, entière
Et soutenue, avant d'aborder la matière

De l'acte délicat et grave étrangement
Qui s'apprête...

LE PETIT CLERC, *entre ses dents, à part.*

Vas-y de ton vieux boniment,
Perruque !

Le Notaire, qui le voit grommeler sans entendre l'interruption, lui jette un regard furieux, puis il continue.

LE NOTAIRE, *continuant.*

Le renom de cette vieille étude
Vous garantit assez quelle sollicitude,
Quelle exacte méthode et quels longs examens
J'apporte aux intérêts que l'on met en mes mains.

LE MARQUIS, GÉRONTE *et* PANCRACE.

Très bien !

Le Petit Clerc proteste par une moue significative qui n'est vue que des jeunes gens.

LE NOTAIRE, *avec emphase.*

Né d'une race où chacun fut notaire
De père en fils, gérant ma charge héréditaire
Sans reproche, en dépit des jaloux et des sots,
Rien n'a terni l'éclat de mes vieux panonceaux,
Notre blason, à nous ! l'écusson dont ma porte

S'enorgueillit, et qui, sur champ de cuivre, porte
D'écritoire de corne à deux plumes en croix !

LE MARQUIS, *mécontent.*

Belle noblesse, peuh !...

LE NOTAIRE.

Vous conviendrez, je crois,
Que l'on rencontre peu d'unions assorties,
Comme en l'espèce, au mieux de toutes les parties,
Qui fassent, le roman n'étant pas de saison,
Moins de part au caprice et plus à la raison !

GÉRONTE, LE MARQUIS *et les autres vieux.*

Bravo !

LE NOTAIRE, *s'échauffant graduellement.*

Nommons les faits de leur nom véritable,
Parlons à cœur ouvert, jouons cartes sur table,
Car vous me connaissez comme je vous connais !

S'adressant au Marquis et à Gloriante.

C'est ainsi, vieux guerrier blanchi sous le harnais,
Marquis de Carabas, que votre humeur altière
S'adoucit en faveur d'une riche héritière
Qui, pour prix de ce nom bien sonnant à son gré,
Fera reluire à neuf votre écu dédoré.

A Géronte, désignant Isabelle.

Sans vous, dont l'opulence est célèbre à la Bourse,
Seigneur Géronte, où donc, sans gîte et sans ressource,
Seule, irait l'orpheline aimable que voici?
A la misère, au froid, à la faim!... Mais aussi
Quel charmant réconfort, quelle fin douce et belle,
Vont faire à vos vieux jours les quinze ans d'Isabelle!

A la Baronne.

Le poète Léandre, à qui vous apportez
Un million, Baronne, en écus bien comptés,
N'a rien : mais pour vous seule écloront de sa veine
Ces tendres madrigaux dont toute femme est vaine.

A Lucinde.

De même, — couple heureux fait pour s'apparier, —
Mademoiselle unit des myrtes au laurier
Qui couronne le front de l'illustre Pancrace.

Regardant Horace et Mademoiselle Mayeux.

Plein de dettes, rongé par le protét vorace,
Tel de vous a besoin, n'en déplaise aux badauds,
Que pour endosser tout sa compagne ait bon dos.

Se tournant vers Jacques et Madame Pernelle.

Et tel autre, admiré de sa tendre future,
Par elle se voit riche autrement qu'en peinture...

En tout cela, l'apport est, des deux parts, compté,
Pesé dans les plateaux de la stricte équité.
Dites, sentez-vous bien quel bonheur est le vôtre?
Me contesterez-vous d'être faits l'un pour l'autre,
Tous, et précisément dans l'ordre que j'ai dit? —

> *Il fait une légère pause. Mouvement en sens divers : sourires satisfaits et murmure favorable des vieux messieurs et des vieilles dames, contrastant avec la contrainte et la froideur des jeunes gens; les uns bâillent, d'autres font la grimace.*

Non! ce n'est pas chez vous que l'on trouve en crédit
Ces perverses langueurs, ces fiévreuses chimères
Qui sévissent au temps des roses éphémères.
Vous tiendriez pour lot dérisoire et moqueur
Le don d'« une chaumière » avec celui d'« un cœur, »
Et votre estomac creux lèverait de colère
Contre un régime fait d'« amour pur » et d'« eau claire. »
Au temps chaud, passe encore! On peut coucher à la
Belle étoile, et manger des mûres pour gala :
Mais, le reste du temps, vivre n'est supportable
Que si l'on a bon feu, bon lit et bonne table;
Et, sauf de courts moments, la pluie et les frimas
Victorieusement règnent dans nos climats.
— Donc, hors du pays bleu qu'inventent les féeries,
Se garer de la faim et des intempéries
Importe doublement pour le bonheur à deux;
Et, bien loin de s'unir d'un lien hasardeux,

L'amoureuse sans dot, le galant sans fortune,
Chacun de son côté doivent en chercher une.
Je n'insisterai pas, car cela va de soi,
Sur ce que ces marchés veulent de bonne foi :
La probité rigide est l'âme du négoce !
Il est clair, même aux yeux de l'enfance précoce,
Qu'affranchir de ce joug légal, moral, normal,
Les choses de l'hymen ou de l'amour, c'est mal !
Prétendre qu'il s'y fait telles sortes de pactes
Moins austères, régis de règles moins exactes,
C'est distinction vaine et sophisme subtil :
La morale est, partout, une ! — Vous reste-t-il
Un doute ? Recourons aux formes du langage,
Oracles du bon sens d'où le vrai se dégage...
Un « amoureux commerce, » une « affaire de cœur, »
Dit-on ; d'où la logique infère en sa rigueur :
Le même honneur préside avec ses lois sévères
Aux affaires de cœur, comme aux autres affaires ;
Et, comme en tout commerce, il doit, sacré pour eux,
Guider les contractants du commerce amoureux !
J'ai dit.

Sensations diverses dans l'auditoire, comme plus haut.

LE PETIT CLERC, *entre ses dents.*

As-tu fini, vieux serpent à lunettes !
Je ne puis sans bouillir entendre ces sornettes.
Patience et motus !

LE NOTAIRE, *après l'avoir regardé de travers, continue en prenant des papiers sur la table.*

     Je vais, pour bons motifs,
Lire à chacun de vous ces contrats respectifs
Où rien ne manque plus que votre signature.
Les voici, grossoyés avec soin, sans rature :
Ils sont, vous le voyez, sur solide vélin,
A l'épreuve du temps, et que le plus malin
Serait mis au défi de lacérer,... en sorte
Que le papier, par sa texture ferme et forte,
Prêche d'exemple, et soit l'éternel monument
Du lien qui vous lie indissolublement!
Pour commencer...

  S'interrompant pour écouter un bruit produit par le frottement d'une lame sur une pierre à repasser.

      D'où vient la strideur incivile
Que j'entends?...

  Au Petit Clerc, avec colère.

     Galopin, que fais-tu là?

LE PETIT CLERC, *d'un air innocent et affairé.*

         J'affile
Nos grattoirs ébréchés et nos canifs rouillés
Que l'usure a mis hors de service... Voyez!

LE NOTAIRE, *furieux.*

Trop de zèle! et d'ailleurs, est-ce l'instant? Silence,
Drôle! sinon...

Revenant à ses clients.

C'est par vous deux que je commence,
Madame Gloriante et monsieur le Marquis!
Veuillez, comme en tel cas tout couple en est requis,
Entendre le contrat détaillé par articles,
Puis apposer vos seings...

Sur un signe du patron, le Petit Clerc avance deux sièges pour Gloriante et le Marquis, lesquels prennent place devant la table du Notaire, tournant le dos aux spectateurs.

Où donc sont mes bésicles?
Voilà.

Il les assujettit soigneusement sur son nez et commence à haute voix la lecture du contrat.

« Par-devant nous, notaire... »

La suite de la lecture se perd dans un marmottement indistinct. — Les autres personnages se groupent diversement et paraissent causer entre eux, les uns assis, les autres debout ou marchant. Lucinde, suivie presque aussitôt de Léandre, vient sur le devant de la scène.

LÉANDRE, *à Lucinde, cérémonieusement.*

Est-il permis,

Mademoiselle, à l'un de vos anciens amis
Qui voit avec plaisir monter votre fortune,
De vous complimenter ?

LUCINDE, *froidement.*

Démarche inopportune !
Car une dame est là, Monsieur, dont l'œil jaloux
Me soupçonne et vous suit...

LA BARONNE, *inquiète.*

Léandre !

LUCINDE, *souriant ironiquement.*

Entendez-vous ?
Je crois que l'on souhaite ailleurs votre présence.

LÉANDRE, *vexé, à Lucinde qui lui tourne le dos.*

Oh ! veuillez m'excuser.

LE PETIT CLERC, *à part, les observant.*

Oh ! la reconnaissance
Est froide !... Il est urgent que je m'en mêle un peu.

Il va, sans être vu, coller sa bouche sur le grand thermomètre, où le liquide remonte aussitôt dans le tube gradué, de la formule Congélation des rivières jusqu'à Température des orangers.

LUCINDE, *à Isabelle qui donne des signes de souffrance et s'évente avec son mouchoir.*

Qu'as-tu donc?

ISABELLE.

Je ne sais... Un malaise... Ce feu
Trop ardent...

GÉRONTE, *étonné.*

Tout à l'heure elle semblait transie.

LE PETIT CLERC, *montrant le thermomètre.*

Oh! la température est beaucoup radoucie;
Voyez plutôt.

LÉANDRE.

Le jour est redevenu clair,
Soudain.

JACQUES.

Mais on étouffe ici! le manque d'air
Fait mal à cette enfant : ouvrez une fenêtre.

LE PETIT CLERC, *s'empressant.*

Voilà!

LUCINDE, *à Isabelle.*

Cela va mieux?

ISABELLE, *qui respire plus librement.*

Oui..., je me sens renaître.
Comme il fait doux!

JACQUES.

Tenez! frémissant et vermeil,
Entre, pour vous sourire, un rayon de soleil:
Le premier qu'on ait vu, je crois, de cette année!

LÉANDRE, *montrant le baromètre qui est au beau.*

Coucou! Pour nous montrer sa trogne enluminée,
L'ermite a renversé son capuchon.

LE PETIT CLERC, *qui vient de souffler sur l'ermite,
à part.*

Pardi!

LUCINDE, *humant l'air.*

Tiens! comme ça sent bon! Dans le vent attiédi
J'ai reconnu, venant par bouffée, un arome...

SCÈNE VI

Les Mêmes, une Bouquetière.

LA BOUQUETIÈRE, *s'arrêtant devant la fenêtre, au dehors.*

La belle violette! elle embaume! elle embaume!
Messieurs, fleurissez donc vos dames... — A deux sous
Le bouquet!

GÉRONTE, *haussant les épaules, à Isabelle.*

Ces bouquets sont indignes de vous.
Mes gens vont ravager pour vous ma grande serre,
Ordonnez!

ISABELLE, *souriant.*

Pour l'instant, il n'est pas nécessaire.
Les fleurettes des bois ont leur mérite aussi...
J'en veux!

GÉRONTE.

C'est un caprice ? Eh bien, soit !...

Jetant un louis par la fenêtre à la Bouquetière.

Entre ici,
Florine, et viens offrir toute ta marchandise
Aux dames.

La bouquetière disparait de la fenêtre et rentre par la porte; elle fait le tour de l'assistance en présentant ses violettes.

ISABELLE, *regardant alternativement Jacques et Géronte.*

Quelquefois, celle que l'on courtise,
Au plus petit présent trouve le plus grand prix...

A Géronte qui sourit.

Comprenez-vous ?

GÉRONTE, *avec une grimace de financier.*

Ma foi..., je n'ai pas bien compris !

ISABELLE, *avec une moue dédaigneuse.*

Tant pis !

Elle se tourne vers un groupe où se trouve Jacques, à qui s'adressent surtout ses regards et ses sourires.

Quand je voyais venir de ma fenêtre,

Au faubourg triste et noir qu'une brume pénètre,
La marchande de fleurs qui sur le pavé gras
Roulait tout le printemps dans sa charrette à bras,
J'avais beau dévaler de mon sixième étage
Quatre à quatre, un voisin se hâtait davantage
Et déjà remontait tout rouge, m'apportant
Une botte de fleurs comme l'on en a tant
Pour quelques liards : lilas, muguets ou giroflées
Dans l'eau fraîche avivant leurs tiges regonflées,
Et dont l'odeur magique ouvrait un horizon
De verdure et de ciel aux murs de ma prison.

Sort la Bouquetière.

GÉRONTE, *avec humeur.*

A quoi bon revenir sur vos jours de misère ?
Ainsi qu'un mauvais rêve oubliez-les, ma chère.

ISABELLE, *vivement.*

Oublier les amis des jours mauvais ? oh non !
Si quelqu'un s'en détache et ne sait plus leur nom,
Ce n'est pas moi !

JACQUES, *bas, à Isabelle, pendant que Géronte mécontent
va rejoindre un autre groupe.*

Ni moi, ma petite Isabelle !

Ce temps que votre bouche adorable rappelle,
C'est encor le meilleur de ma vie.

Ils se parlent bas.

LÉANDRE, *à Lucinde.*

Ils sont deux
A se ressouvenir, et je suis jaloux d'eux,
Moi qui seul, dans l'émoi d'une odeur printanière,
Évoque ces matins de la saison dernière
Où l'on allait cueillir la violette au bois,
Dans l'herbe...

LUCINDE, *qui affectait de regarder d'un autre côté, se retournant tout à coup vers lui avec un visage souriant.*

Ah oui! sous l'herbe où se mêlaient nos doi
Comme dit la chanson, n'est-ce pas?

LÉANDRE, *avec ravissement.*

Ah! méchante,
Tant de mémoire en vous me surprend et m'enchante!
Je croyais ce passé bien mort...

LUCINDE, *de même.*

Il a dormi
Seulement, et voilà qu'il s'éveille à demi...
— On nous observe... Chut! — A l'écart l'un de l'autre,

Interrogeons un peu, moi mon cœur, vous le vôtre :
Puis nous recauserons...

Ils se séparent.

LE PETIT CLERC, *à part, les observant.*

Les liens mal brisés
Se resserrent, plus forts, en de nouveaux baisers.
Cela marche à la fin...

Il se détourne pour écouter la discussion commencée à voix basse et continuée tout haut entre Horace et Mademoiselle Mayeux.

MADEMOISELLE MAYEUX.

Si !

HORACE.

Non !

MADEMOISELLE MAYEUX.

Si !

HORACE.

Quelle idée !

MADEMOISELLE MAYEUX.

Je l'ai vu !

HORACE.

Visions!

MADEMOISELLE MAYEUX.

Vous l'avez regardée.

HORACE.

Qui? la baronne? moi!

MADEMOISELLE MAYEUX.

Belle malice! Eh! non :
Gloriante!

HORACE.

Ma foi, vous m'apprenez ce nom.

MADEMOISELLE MAYEUX.

Hypocrite! Mais j'ai de bons yeux, pour mon âge,
Et vous la regardiez..., en soupirant, je gage...

HORACE.

Je ne la connais pas.

MADEMOISELLE MAYEUX.

En feriez-vous serment?

HORACE, *agacé.*

Vous êtes folle !

MADEMOISELLE MAYEUX.

Allez ! vous niez vainement.
Je sais tout !

HORACE, *surpris.*

Vous savez ?

MADEMOISELLE MAYEUX.

Oui, l'on m'a dit le zèle
Que vous mettiez naguère à fréquenter chez elle ;
On a même, je crois, parlé d'engagement...

HORACE.

Ignorez-vous que tout est fini ?

MADEMOISELLE MAYEUX.

Mais comment
Et pourquoi la rupture ?

HORACE.

Eh ! vous savez de reste
Qu'ayant risqué sur un as de pique funeste

Tout mon bien d'un seul coup, n'ayant plus ici-bas
Que mon épée...

MADEMOISELLE MAYEUX.

Eh bien?

HORACE.

Ne comprenez-vous pas
Que je dus rompre avec ma riche fiancée?

MADEMOISELLE MAYEUX.

Gloriante serait une âme intéressée?

HORACE.

Elle, si fière? Non, mille fois! Je l'aimais
Trop fièrement aussi pour encourir jamais
Le soupçon de sa dot en elle convoitée...

MADEMOISELLE MAYEUX.

Un scrupule si rare excède ma portée.
— Et moi, monsieur, pourquoi m'épousez-vous?

HORACE.

Pourquoi
Parce que... Je ne sais que vous dire, ma foi.
L'excuse aggraverait la faute. Ma réponse,

La voici : Rien de fait ! et, confus, je renonce
A votre main.

MADEMOISELLE MAYEUX.

Tenez ! parlons-nous sans aigreur,
Et soyons indulgents pour notre double erreur.
A cette heure, je vois clairement ma folie,
Que vous aimez toujours celle qui vous oublie
Et qu'à moi vous n'avez songé que .. par dépit !

HORACE, *lui prenant la main.*

C'est vrai... Pardon !

MADEMOISELLE MAYEUX.

Eh bien ! puisqu'un retour subit
De sagesse, au moment de faire une sottise,
Nous en sauve tous deux, faut-il que je vous dise
Mon sentiment de femme honnête sur un cas
De conscience propre aux amants délicats ?

HORACE.

Dites...

MADEMOISELLE MAYEUX.

Briguer la main d'une laide héritière,
Qu'on ne saurait aimer, n'est pas d'une âme altière.
Mais, riche ou non, je crois qu'aimée éperdument,

Une fille appartient sans blâme à son amant.
Laissez dire les sots!

HORACE.

Vous êtes vraiment bonne!
Mais on ne m'aime plus... Gloriante se donne
A ce... marquis!

MADEMOISELLE MAYEUX.

Ce n'est pas une preuve, enfant!
Comptez sur vous! sur l'air suave et réchauffant
Qui nous attendrit tous sans cause et nous pénètre
Comme un conseil d'aimer!... sur ce chanteur peut-être
Qui vient de s'arrêter et prélude... Écoutez!

Ils causent bas tous deux.

SCÈNE VII

LE CHANTEUR DES RUES, *arrêté devant la fenêtre ouverte et s'accompagnant de la guitare.*

La première fleur, si frêle,
M'a dit : « Le ciel se fait beau! »
Rien ne fleurit plus; — il gèle!

Rien, que le givre au carreau :
— A quand le renouveau, belle,
   Le gai renouveau ?

Sur la foi d'une hirondelle
Je disais : « Plus de manteau... »
Quand la bise a, d'un coup d'aile,
Fait fuir le frileux oiseau !
— A quand le renouveau, belle,
   Le gai renouveau ?

Mais enfin l'hiver rebelle
Est au bout de son rouleau :
Les couples en ribambelle
S'ébattent au bord de l'eau.
— Voici le renouveau, belle,
   Le gai renouveau* !

Pluie de sous lancés dans le chapeau du Chanteur par les jeunes femmes et les jeunes gens ; il les remercie par des signes de tête et des sourires ; les vieilles gens ont gardé une attitude indifférente ou grincheuse.

HORACE, *à part.*

Ces couplets ingénus, nous les avons chantés,
Elle et moi, dans les prés où nous courions ensemble.
J'en suis ému jusqu'au fond de l'âme... Il me semble
Qu'elle est troublée aussi...

---

* La musique de cette chanson a été faite par Léopold Dauphin.

Gloriante laisse tomber son éventail ; le jeune homme se précipite pour le ramasser, et, en le lui rendant, lui dit à mi-voix :

Gloriante ! cet air
N'a-t-il rien remué d'un passé doux et cher ?
Ne vous souvient-il pas ?...

GLORIANTE.

Laissons cela, de grâce,
Monsieur !

HORACE.

Vous, mariée à ce vieillard !

GLORIANTE.

Horace,
Osez-vous me juger, vous ? Par qui de nous deux
L'exemple est-il donné d'un marché plus honteux ?

HORACE.

Ah ! de ma part, du moins, ce fut une démence
Passagère, qu'expie un repentir immense.

GLORIANTE, *incrédule.*

La preuve ?

HORACE.

J'ai rompu cet engagement vil
Pour garder au moins votre estime.

GLORIANTE, *tressaillant.*

Que dit-il ?

MADEMOISELLE MAYEUX, *qui, placée à quelques pas et les suivant des yeux, a deviné le sens de leurs paroles sans les entendre, à Gloriante en s'approchant d'elle.*

C'est vrai !

GLORIANTE, *très émue.*

Si j'avais su !

HORACE, *passionnément.*

Dans ces yeux que j'adore,
Perle une larme... Eh quoi ! vous m'aimeriez encore ?

GLORIANTE, *secouant la tête.*

Trop tard !

MADEMOISELLE MAYEUX.

Et pourquoi donc ?

GLORIANTE, *montrant la table où sont les contrats.*

J'ai signé !

LE MARQUIS DE CARABAS, *qui s'est approché à pas de loup du groupe formé par les trois derniers interlocuteurs, passant brusquement au milieu d'eux, avec éclat.*

Sarpejeu !
C'est mettre mon honneur un peu bien vite en jeu.
Quoi ! sans que le respect de son titre l'arrête,
La Marquise, à mes yeux, se fait conter fleurette
Par un godelureau !

HORACE, *à mi-voix, vivement, en mettant la main sur son épée.*

Monsieur ! pas tant de bruit.

LE MARQUIS, *fièrement.*

Je parle à mon épouse. — Ainsi, voilà le fruit
De mes bontés...

GLORIANTE, *au Marquis, faisant effort pour se contenir.*

Partons, si vous voulez.

LE MARQUIS.

Madame,
Vous êtes à présent mienne, de corps et d'âme ;
Et ces airs de hauteur ne vous vont plus.

GLORIANTE, *perdant patience.*

Marquis,
Vous êtes un sot.

LE MARQUIS, *se redressant.*

Ouais?... Votre bien m'est acquis.
Je rachète demain mes fiefs héréditaires
Et dans peu nous vivrons tous les deux sur mes terres,
Loin des beaux freluquets...

HORACE, *même jeu que plus haut.*

Monsieur! si...

LE MARQUIS, *non moins fièrement que la première fois.*

Je parle à
Mon épouse!

HORACE, *haussant l'épaule.*

Faquin!

LE MARQUIS, *avec un redoublement de dignité.*

Monsieur, restons-en là :

A Gloriante.

Madame, suivez-moi!

GLORIANTE, *impassible.*

J'étais prête à vous suivre,
Tout à l'heure : — à présent je dis non !

LE MARQUIS, *avec éclat.*

Par la Guivre
De mon blason, Madame, est-ce sérieux ?

GLORIANTE, *très tranquillement.*

Oui.

LE MARQUIS, *prenant à témoin l'assistance.*

Vous l'entendez ?

GÉRONTE.

C'est fort !

LA BARONNE.

Scandaleux !

MADAME PERNELLE.

Inouï !

LUCINDE.

Elle a raison.

ISABELLE, *d'une voix perçante.*

Bien sûr !

LE MARQUIS, *à Gloriante.*

     Me contestez-vous d'être,
De par un bon contrat, votre seigneur et maitre ?

   GLORIANTE.

Le maître de mon bien, soit ! le mien, non !

   LE MARQUIS.

        Mon droit
Est formel ; j'en prétends faire un usage étroit.

LE NOTAIRE, *qui depuis le commencement du tapage essaye vainement de s'interposer et se livre à une pantomime désespérée.*

Laissez-moi lui parler.
   A Gloriante.
     Le fait est hors de cause :
Donner et retenir ne vaut.
    Montrant du doigt un paragraphe du contrat.
      Voici la clause
Assurant à l'époux, qui seul en usera,
Tout votre apport dotal : biens, cœur, *et cætera.*
Madame, rien de tel dans ma longue pratique !
  Brandissant le contrat sous le nez de Gloriante.

Ce parchemin légal, vénérable, authentique,
Noirci d'un libellé qui n'a rien de bouffon,
Qu'est-ce, à vos yeux ? et qu'en faites-vous ?

GLORIANTE, *arrachant le papier des mains du Notaire, le froisse nerveusement, le jette à terre et le foule aux pieds.*

Un chiffon !

Brouhaha dans l'assistance ; exclamations diverses et gesticulations comiques des personnages prenant parti pour ou contre.

MADAME PERNELLE.

C'est affreux !

ISABELLE.

C'est bien fait !

LA BARONNE, *furieuse, à Léandre, qui manifeste une vive gaîté.*

Vous l'approuvez, Léandr

LE MARQUIS, *revenu de sa stupeur et s'élançant sur Gloriante avec un geste de menace.*

Rendez-moi ce papier, sinon...

HORACE, *plus leste, ramassant le papier que Gloriante, dédaigneuse, a repoussé du bout du pied, au Marquis.*

Venez le prendre !

GÉRONTE.

Fi ! renier son seing apposé librement !

ISABELLE, *vivement.*

Extorqué, bien plutôt !

LE PETIT CLERC, *sautant de joie et battant des mains.*

Kiss ! Kiss ! Kiss ! C'est charmant !

HORACE, *à Jacques et à Léandre.*

Beau contrat ! Rien de vrai dans cet accord factice !

ISABELLE, *poussant le coude de Lucinde.*

On peut en dire autant des autres...

LUCINDE, *s'emparant d'un des contrats restés sur la table.*

C'est justice
D'en faire autant pour eux !

Isabelle l'imite.

PANCRACE, *indigné, à Lucinde.*

Par exemple !

LÉANDRE, *s'interposant entre Lucinde et la Baronne qui veut lui reprendre le contrat.*

Tout doux,
Belle dame !

JACQUES, *même jeu, à Géronte, en lui faisant lâcher le bras d'Isabelle.*

Seigneur Géronte, calmez-vous !

MADAME PERNELLE, *à Horace.*

Mais c'est sacré, cela !

HORACE

Documents apocryphes,
Sans valeur, nuls de droit !

LUCINDE, *assaillie de nouveau par la Baronne.*

Main-forte !

LÉANDRE, *à la Baronne.*

Bas les griffes !

LA BARONNE, *exaspérée.*

A la garde ! au voleur !

LE NOTAIRE, *jusque-là suffoqué de la scène, se levant, furieux et faisant de grands bras.*

Vandales, arrêtez !
Que ces contrats soient tous d'un chacun respectés !

ISABELLE, *avec une intonation gamine.*

Respectés ?

JACQUES, *au Notaire, faisant le geste de déchirer le contrat que lui passe Isabelle.*

Tu vas voir !

LÉANDRE, *de même, essayant de lacérer le contrat de Lucinde, sans y réussir.*

A ton nez formaliste,
Notaire, on va...

JACQUES, *avec dépit.*

Morbleu ! le parchemin résiste...

LE NOTAIRE, *triomphant.*

Rien ne peut séparer ce qui par moi fut joint !

LE PETIT CLERC, *prenant une poignée de canifs sur la table et les offrant sournoisement aux jeunes gens, à mi-voix.*

Mais voici des canifs aiguisés tout à point
Pour tailler dans le vif...

HORACE, *vivement, en saisissant un.*

Donne !

LE PETIT CLERC, *à Jacques et à Léandre.*

Prenez !

HORACE, *crevant à coups de lame le parchemin que Gloriante tient déployé.*

Au diable Le grimoire! Pif! paf!

LE MARQUIS, *arrachant de désespoir ses rares cheveux.*

Crime irrémédiable!

LE PETIT CLERC, *jubilant.*

Un de crevé!

LUCINDE, *crevant à son tour le contrat que Léandre lui présente.*

Pif! paf!

LE PETIT CLERC, *même jeu.*

Un autre! Bon.

JACQUES *et* ISABELLE, *ensemble, s'acharnant chacun avec un canif sur un troisième contrat, que chacun d'eux tient de sa main libre.*

Paf! pif! Pif! paf!

LE PETIT CLERC, *au comble de la jubilation.*

De mieux en mieux! « Chœur des coups de ca Admirable motif d'opérette!

HORACE, *déchirant en une multitude de petits fragments le contrat crevé par lui.*

Œuvre pie
Et facile, à présent, de les mettre en charpie !

Les autres jeunes gens s'empressent de l'imiter.

ISABELLE, *narguant Géronte.*

C'est fait !

LE NOTAIRE, *écumant de rage et frappant du poing sur la table.*

Ah ! l'on me brave en face ! c'est ainsi,
Gens sans foi, que je peux tous réduire à merci !

LE PETIT CLERC, *bas, aux jeunes gens.*

Tenez bon !

LE NOTAIRE, *se précipitant sur le Petit Clerc, qui s'esquive adroitement.*

Je t'ai vu les exciter, vipère :
Mais je te connais bien !

LE PETIT CLERC, *qu'il poursuit sans l'atteindre, lui faisant une révérence moqueuse.*

A deux de jeu, compère :
Trêve d'incognito.

LE NOTAIRE.

Bas le masque !

LE PETIT CLERC, *ironiquement cérémonieux.*

Après vous !

LE NOTAIRE, *s'arrêtant.*

Tu le veux ? soit !

Il passe au milieu de la scène et marche sur le groupe des jeunes gens avec des éclats de voix et un air d'autorité qui les font reculer instinctivement devant lui.

Eh bien ! sachez, folles et fous,
Fous et folles, voyez qui votre audace affronte :
Ah ! vous me défiez sans peur comme sans honte ?
Vous défiez l'Hiver ?

Coup de tamtam, et tremolo à l'orchestre. La défroque du notaire tombe subitement, et il apparait sous les traits et dans le costume du Bonhomme Hiver : cheveux longs et blancs de neige, barbe hérissée de glaçons ; les sourcils épais et l'œil plein d'éclairs ; grand manteau fourré ; outres gonflées suspendues à sa ceinture, etc... Simultanément le jour s'est assombri ; le thermomètre est tombé au-dessous de zéro ; le capuchon de l'ermite barométrique s'est rabattu ; le vent et la pluie font rage au dehors.

L'HIVER, *après une courte pause, continuant d'une voix tonnante.*

A moi, mes ouragans !

Rafales, morfondez ces jeunes arrogants !
Sec et dru tape-leur sur les doigts, bonne onglée !
Grésil, rougis leur nez ! Mords-les aux pieds, gelée !
Crache-leur au front, pluie ! Et toi, soufflette-les,
Bise aigre ! et sans pitié pince-leur les mollets !
Fais-leur craquer les os, verglas ! — Sus aux parjures,
Meute fidèle, sus !

Faisant encore quelques pas vers le groupe, qui recule à mesure.

           Par le trou des serrures
Je me faufilerai chez vous, beaux amoureux,
Et vous ferai claquer des dents, le ventre creux !
Oui ! pour mieux réprimer votre fougue écolière,
La famine sera ma rude auxiliaire :
Je ferai renchérir habits, vivres, charbon...
Et nous verrons alors trembloter tout de bon
Vos feux, et quels baisers transis seront les vôtres !
Ah ! vous ne riez plus ?

Aux derniers mots de l'Hiver, redoublement de la bourrasque extérieure ; le vent s'engouffre dans la cheminée et fait : « Hou ! hou ! hou ! » — Consternation visible dans l'assistance, surtout chez les jeunes couples ; Lucinde et Isabelle, particulièrement intimidées, se sont dégagées de l'étreinte de leurs amants.

LE PETIT CLERC, *qui s'est tenu à l'écart pendant la tirade de l'Hiver, revenant vivement en scène, aux jeunes gens.*

           N'ayez pas peur, vous autres !

A l'Hiver.

Bien sifflé : mais trop tard... N, i, ni, c'est fini,
Pauvre sire !

Dès qu'il a parlé, la tempête cesse ; le soleil reparait.

L'HIVER, *au Petit Clerc, avec colère.*

Tu mens, je règne encor.

LE PETIT CLERC, *lui faisant la nique.*

Nenni !
L'horloge des Saisons marque le jour et l'heure
Où ton pouvoir expire...

L'HIVER, *troublé, et cherchant sa montre dans son gousset.*

Allons donc ! c'est un leurre !
Voyons un peu... Ma montre était dans ce gousset :
Je ne l'y trouve plus... Horreur ! qu'est-ce que c'est ?

Il donne soudain les signes du dégoût causé par un contact répugnant, et retire du gousset ses doigts entre lesquels s'envole un couple de hannetons. — Hilarité générale.

LE PETIT CLERC, *riant aussi.*

Le chronomètre est bon, quoique d'aspect frivole ;
Et l'on peut s'y fier...

ISABELLE, *fredonnant.*

« Hanneton ! vole, vole,
Vole ! »

L'HIVER, *très vexé, au Petit Clerc.*

Vulgaire tour d'escamoteur !

LE PETIT CLERC, *avec bonhomie.*

Tu crois !
Autre chose, alors !...

Montrant les quatre grands tableaux accrochés au mur.

Tiens ! ces paysages froids
Nous attristent... Tâchons, en quatre chiquenaudes,
D'y mettre un peu de vie et des couleurs plus chaudes.

En disant ces vers, il va en courant au cadre le plus proche, et en touche du doigt la bordure à plusieurs reprises. Transformation instantanée des peintures.

VOIX DIVERSES.

Merveilleux !

LE PETIT CLERC, *à l'Hiver.*

Te faut-il des prodiges encor ?
Nul n'entend mieux que moi le truc ni le décor...
Vois :

Il se baisse, et, ramassant à poignée les fragments de contrats déchirés qui jonchent le sol, il les lance par la fenêtre ouverte.

Sans plus redouter grêle ni giboulée,
Légers papillons blancs, prenez votre volée !

Métamorphose des petits morceaux de papier en une nuée de papillons qui s'envolent dans un rayon de soleil.

VOIX DIVERSES.

Bravo !

L'HIVER, *avec une résignation bourrue.*

Soit ! je m'en vais.

LE PETIT CLERC.

Décampe, vieux barbon !

L'HIVER, *le menaçant encore du doigt.*

Gare à toi, quand viendra ma revanche !

LE PETIT CLERC, *très méprisant.*

C'est bon :
Mais file, en attendant !

L'HIVER, *d'une voix de plus en plus cassée et défaillante.*

Je m'en retourne au pôle.

ISABELLE, *gaîment, à l'Hiver.*

Bon voyage !

JACQUES, *de même.*

Avez-vous besoin d'un coup d'épaule ?

Le Petit Clerc, avec un sourire de pitié, fait signe que la violence est inutile, et, s'approchant de l'Hiver, il se contente de souffler dessus. Le vieillard, dont la décrépitude s'est accentuée de minute en minute, n'apparaît plus que comme une forme confuse dans le brouillard et finit par disparaître complètement. Les exclamations suivantes accompagnent les diverses phases du phénomène.

HORACE.

Il pâlit !

LUCINDE.

Il chancelle !

LÉANDRE.

Il expire. . .

JACQUES.

Fondu !

ISABELLE, *courant à l'endroit où l'Hiver s'est abîmé, et se penchant sur le sol avec curiosité.*

Ce petit tas de glace en est le résidu...

SCÈNE VIII

Les Mêmes, *moins* le Bonhomme Hiver. *Rentrent* le Chanteur des rues *et* la Bouquetière.

JACQUES, *se tournant vers le Petit Clerc, avec un geste de reconnaissance et d'admiration.*

Ton souffle a fait crouler le Bonhomme de neige :
Salut, Printemps !

TOUS, *jeunes et vieux, entourant le Petit Clerc.*

Salut !

LE PETIT CLERC, *les remerciant de la main.*

Pourquoi conserverais-je
Ce vil déguisement ? Vous m'avez reconnu :

Les habits du Petit Clerc tombent, et il apparaît sous la forme d'un jeune dieu, vêtu d'une courte tunique de lin, bras nus, jambes nues, et couronné de roses.

Oui, je suis le Printemps.

TOUS, *avec enthousiasme.*

Mille fois bienvenu !

LE PRINTEMPS, *faisant signe au Chanteur des rues,*
qui vient d'entrer, d'approcher de lui.

Et ce Chanteur, jamais à court de ritournelle,
C'est l'incarnation de l'Idylle éternelle,
Le charmeur, emplissant jusqu'aux brutes d'émoi,
Qui va, la double flûte aux lèvres, devant moi !

En même temps qu'il parle, s'opère la transformation du Chanteur des rues en un bel adolescent, vêtu comme un berger grec et embouchant les deux pipeaux. Entre à ce moment la Bouquetière.

Bouquetière, viens çà !

ISABELLE

Tiens ! Florine...

LE PRINTEMPS, *souriant, à Isabelle.*

C'est Flore.

Les haillons de la petite Marchande de violettes et son éventaire disparaissent.

Viens, déesse ! et partout, sur nos pas, fais éclore
Les doux parfums au cœur des calices pourprés...

Reculant d'un pas, et faisant un geste cabalistique.

Vous sentez le moisi, vieux murs ! Vous tomberez.

Au coup de sifflet du machiniste, changement à vue: l'étude s'effondre et disparaît.

DEUXIÈME TABLEAU

Le décor représente une campagne verdoyante et déjà fleurie; buissons d'églantiers; feuillages naissants; lointains vaporeux. Sur les premiers plans à droite, plusieurs sentiers avec des poteaux indicateurs portant divers écriteaux: Chemin de Cythère, Chemin de Gretna-Green, Chemin de Meudon, Chemin de Chatou, Chemin de Viroflay, *etc... Au dernier plan, du même côté, on aperçoit une auberge rustique, avec une servante en faction sur le seuil : une petite Normande en bonnet de coton blanc, une main au-dessus de ses yeux écarquillés par l'attente de la pratique. A gauche du spectateur, autres sentiers avec des écriteaux portant:* Chemin de Sainte-Perrine, Chemin des Petits-Ménages, Chemin de l'Institut, *etc...*

SCÈNE IX ET DERNIÈRE

LE PRINTEMPS, *continuant.*

A nous l'espace ! à nous le grand air et la joie !
Voyez, enfants : le ciel lumineux se déploie

Comme un pavillon d'or ; et la chanson des nids
Recommence, fêtant les mauvais jours finis.
La forêt vous attend : l'aile des brises douces
Bat, pour nous éventer, sur le velours des mousses ;
Et, de l'auberge au seuil bleu de liserons,
La servante vous guette avec des yeux tout ronds...
— Amoureux ! fiez-vous au dieu qui vous protège :
Venez, toutes et tous ! et me faisant cortège
Par les prés, par les monts, en calèche, en bateau,
Jusque dans le pays fabuleux de Watteau
Suivez-moi, tendrement enlacés l'un à l'autre !

Montrant le premier écriteau de droite.

Voici notre chemin.

UNE VOIX, *partant du groupe des vieilles gens qui semblent désolés et tendent vers le Printemps leurs mains jointes, comme pour le supplier de les emmener aussi.*

Et nous ?

LE PRINTEMPS, *leur montrant le premier écriteau de gauche, avec une moue de malicieuse commisération.*

Voilà le vôtre.

Tableau final : cortège des amoureux partant deux à deux pour Cythère sur les pas du Printemps et de Flore, précédés du Joueur de flûte.

Le rideau tombe.

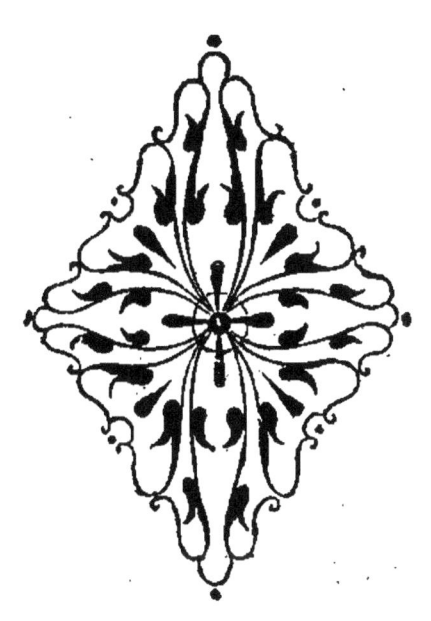

TABLE

TABLE

POÈMES VÉNITIENS

Pages.

La Gloire de Venise	3
Mio Palazzo	6
Aubade vénitienne	10
La Felché	14
Le Rêve d'un Écolier	16
Sortie de Spectacle	19
La Chanson des Pilotis	25
Les Rues de Venise	29
Paysage minéral	34
Musique	38
L'Auberge de Candide	42
Lettre d'un Voyageur	46

CHANSONS D'AVRIL

La Chanson des Baisers.	55
Le Masque.	57
La Chanson des petits Pieds.	61
L'Amour peintre.	65
Chanson.	67
Bouquet.	69
Dans un peu de liqueur laissée...	71
La Rupture.	73
Nuit de Printemps.	76

PLUIE ET SOLEIL

Pluie et Soleil.	85
QUATRE CHANSONS DE ROBERT BURNS.	87
A Robert Burns.	87
I. John Anderson.	88
II. Personne.	89
III. La Chanson des Yeux bleus.	90
IV. La Chanson du Laboureur.	91
HUIT SONNETS.	92
I. La Lumière.	92
II. Lune en mer.	93
III. La Nuit et la Mer.	94
IV. *Tant que le grand travail...*	95
V. En montagne.	96
VI. Fleur de montagne.	97
VII. Paysage normand.	98
VIII. Dessous de Bois.	99

Petite Anthologie du Salon. 101
    I.   Le Dépiquage en Languedoc. 101
    II.   Pêcheuses de Moules. 102
    III.   Dryade 104
    IV.   Le Manchon de Francine. 104
    V.   Le Mariage d'un Prince 106
    VI.   Portrait de femme. 107
    VII.   Olympe (portrait Empire) 109
Innocence. 110
La petite Mendiante. 112
Au Luxembourg. 114
Pantomime 116
Toutes les douleurs sont chimères... 118
Un soir à Rome. 120

SAISONS PARISIENNES

Villanelle des Saisons modernes. 125

Ronde des quatre Saisons, pour les Petits. 128
    Prélude. 128
    I.   Ronde de Printemps. 130
    II.   Ronde d'Été. 131
    III.   Ronde d'Automne. 133
    IV.   Ronde d'Hiver. 134
Printemps moderne. 136
Marchande de fleurs 138
Ode au Mois de Mai. 139
Sonnet d'Été. 142
Prédiction pour Septembre 144
Pierrots modernes. 146
Sonnet d'Automne. 148
Dernier Dimanche de soleil. 150

Novembre... 152
Le premier Feu... 153
Sonnet d'Hiver... 156
Carnaval des Rues... 158
Le Tunnel... 160

MÉDAILLONS ET SILHOUETTES DRAMATIQUES

Aimée Desclée... 165
A Léonide Leblanc... 167
Remontrance à Mlle Croisette (Reprise du Sphinx).. 169
Frédérick Lemaître... 172
Mélingue... 174
Étrennes à Daubray... 176
Sonnet à Truffier... 178

RIMES FAMILIÈRES

A un Ami... 183
A un autre... 185
Coin de table... 187
A Philippe Burty... 189
Portrait... 191
A Frédéric Régamey... 193

QUATRE RONDEAUX... 195
   I. Jean Aicard... 195
   II. A Henri Liesse... 196
   III. Tancrède Martel... 197
   IV. A Gabriel Vicaire... 198

Envoi de Avril, Mai, Juin. 200
Envoi d'un Livre de vers. 202
A M. Coindard 204
A mon ami Paul Arène. 206
Retour de Chine. 208

TRIOLETS ET GAZETTES RIMÉES

Neuf Triolets. 213
    I.   George Sand. 213
    II.   Une Parenté qui fait du bruit. 214
    III.   Distribution des Prix Montyon 214
    IV.   Les nouvelles Guêpes. 215
    V.   L'Académicien Boissier 215
    VI.   Monsieur Caro 216
    VII.   Monsieur Vitu et *Marie Tudor* 216
    VIII. La Fresque de Raphaël 217
    IX.   1807. 217
La Stigmatisée belge. 218
Entrée de Monseigneur à Marseille 221
Allez, la Musique ! 224
La Gazette aux Bois. 227
Un Dessin de Gill. 231
Le Miroir de Sarcey. 234
Les Abeilles du Luxembourg. 237

POÉSIES DIVERSES

Envoi de l'*Intermezzo*. 245
Après une Lecture. 247
Le Tombeau de Théophile Gautier. 249

Berlioz. 251
A Victor Hugo 253
Aux Drapeaux de 1880. 255
La jeune France. 259

LE RENOUVEAU

Le Renouveau (féerie) 261

Achevé d'imprimer

le vingt-quatre mars mil huit cent quatre-vingt-dix

PAR

ALPHONSE LEMERRE

(Aug. Springer, *conducteur*)

25, RUE DES GRANDS-AUGUSTINS, 25

A PARIS

PETITE BIBLIOTHÈQUE LITTÉRAIRE
(AUTEURS CONTEMPORAINS)

ARMAND SILVESTRE. Poésies (1866-1872) : *Rimes neuves et vieilles.* — *Les Renaissances.* — *La Gloire du Souvenir.* 1 volume (épuisé)...............	» »
— Poésies (1872-1878) : *La Chanson des Heures.* 1 volume....................................	6 fr.
JOSÉPHIN SOULARY. Œuvres poétiques (1845-1871) : *Sonnets.* 1 volume............................	6 fr.
Poëmes et Poésies. 1 vol........................	6 fr.
— IIIe partie : *Les Jeux divins.* — *La Chasse aux Mouches d'or.* — *Les Rimes ironiques.* — *Un grand Homme qu'on attend* (1872-1882). 1 volume....	6 fr.
STENDHAL (HENRY BEYLE). *Le Rouge et le Noir.* 2 vol.	10 fr.
SULLY PRUDHOMME. Œuvres poétiques (1865-1888). 5 volumes. Chaque volume..................	6 fr.
ANDRÉ THEURIET. Poésies (1860-1874) : *Le Chemin des bois.* — *Le Bleu et le Noir* 1 volume.........	6 fr.
— Prose : *Sauvageonne.* 1 volume.................	6 fr.
— *Bigarreau.* — *Souffrances de Claude Blouet.* — *L'Abbé Daniel.* — *La Saint-Nicolas.* 1 volume........	6 fr.
— *Madame Heurteloup.* 1 volume	6 fr.
— *La Maison des Deux Barbeaux.* — *Toute seule.* 1 v.	6 fr.
LÉON VALADE. Poésies : *Avril, Mai, Juin.* — *A mi-côte.* 1 volume.......................................	6 fr.
— *Poésies posthumes.* 1 volume...................	6 fr.
ALFRED DE VIGNY. *Poésies.* 1 volume.............	5 fr.
— *Cinq-Mars.* 2 volumes.........................	10 fr.
— *Servitude et grandeur militaires.* 1 volume.......	5 fr.
— *Stello.* 1 volume..............................	5 fr.
— *Journal d'un Poète.* 1 volume..................	5 fr.
— *Théâtre.* 2 volumes...........................	10 fr.

Il est fait un tirage de cette collection sur papier de Hollande, sur papier Whatman et sur papier de Chine.

Paris. — Imp. A. LEMERRE, 25, rue des Grands-Augustins.

www.ingramcontent.com/pod-product-compliance
Lightning Source LLC
Chambersburg PA
CBHW060459170426
43199CB00011B/1267